Die rituelle Beschneidung

Karl Becker

Die rituelle Beschneidung

Analyse eines dem modernen Pluralismus entsprungenen Diskurses

Bibliografische Information der Deutschen Nationalbibliothek:
Die Deutsche Nationalbibliothek verzeichnet diese Publikation in der Deutschen Nationalbibliografie; detaillierte bibliografische Daten sind im Internet über http://dnb.dnb.de abrufbar.

Herstellung und Verlag: BoD – Books on Demand, Norderstedt

ISBN: 978-3-**7322-3159-1**

Inhaltsverzeichnis

Am 12.12.2012 wurde der Gesetzesvorschlag der Bundesregierung zur Straffreiheit der rituellen Beschneidung mit großer überparteilicher Mehrheit im Bundestag angenommen. Eigentlich könnte nun, da die Rechtssicherheit hergestellt ist, mit einer interkulturellen Auseinandersetzung um einen aus den Tiefen der Menschheitsgeschichte bis in die postmodernen Lebensentwürfe westlicher Industriegesellschaften erhalten gebliebenen Ritus begonnen werden. Mit der Abstimmung verschwand jedoch schlagartig nicht nur die Debatte, sondern offenbar auch die sie begleitende Empörung. Das Interesse an einem Dialog des gegenseitigen Verstehens scheint wohl von Beginn an nicht bestanden zu haben.

Auf dem Höhepunkt des "Beschneidungsdiskurses" begann die Arbeit an diesem Buch, dessen vordergründiges Thema für den Tagesjournalismus mittlerweile tot ist. Dennoch:

Der vom 25. Juni bis zum 12. Dezember 2012 reichende - und zumindest in Teilen Facetten einer Inszenierung tragende - Spuk hat Spuren hinterlassen, Fragen aufgeworfen, nicht nur über unsere Fähigkeit mit den Herausforderungen einer pluralistischer werdenden Gesellschaft umzugehen, nicht nur über den Bodensatz an Rassismus und Antisemitismus, der - einmal aufgerührt - den Blick in das Auge des Anderen bis in vermeintlich intelligente Akademikerkreise zu vernebeln imstande ist. Was darüber hinaus bemerkenswert ist und eine Analyse auch im Nachhinein geboten erscheinen lässt, ist die unveränderte Bereitschaft der deutschen Masse weitgehend undifferenziert einigen wenigen Meinungsmachern zu folgen und blind für die historische und gesellschaftspolitische Sensibilität eine Strafbewehrung in diesem Dilemma für den einzig gangbaren Weg zu halten. Sobald die gewählten Autoritäten in diesem Fall ihrer Verantwortung auch gegen die Mehrheitsgesellschaft gerecht geworden sind, wurde die Entscheidung akzeptiert und der Konflikt scheint mittlerweile nie existiert zu haben.

Während die jüdische Gemeinde begreiflicherweise sehr empfindlich auf derartig ablehnende Offenbarungen reagierte, und als einzige Gruppierung unmittelbar eine intensive sachliche und differenzierte Auseinandersetzung startete, verzichtete die Mehrheit der deutschen Muslime auf die Chance den Dialog zu suchen und der deutschen Mehrheitsgesellschaft durch ein Anerkenntnis des Dilemmas zu vermitteln, dass der Konflikt auch für sie jenseits der Religionsfrage eine Bedeutung haben könnte.

Wir kommen jedoch dauerhaft um eine konstruktive Beschäftigung und um einen echten Diskurs der Fragen um kindliche Selbstbestimmung versus elterlicher Freiheit in der Kindererziehung, der Rechtmäßigkeit religiöser Traditionen in modernen Rechtssystemen und der Grenze der Toleranz innerhalb einer pluralistischen Gesellschaft nicht herum.

Dies hat mich bewogen diesen Text zu veröffentlichen - das Thema ist nicht tot. Ich hoffe aber, dass die unselige Debatte gestorben ist. Es liegt mir fern, sie wieder zu beleben.

Was das Leben würzt, wird nun hier gekürzt.
Doch weine nicht, kleiner Wicht,
für der Liebe Glück bleibt genug zurück.

خِتان מילה ברית

Dieser seit Anfang des vergangenen Jahrhunderts unter Ärzten kolportierte Vers zur Beschneidung, den angeblich Wilhelm Busch angesichts eines die Beschneidung Christi darstellenden Bildes verfasst haben soll, beschreibt bereits das implizite Dilemma der Beschneidung.

Etwas Bereicherndes werde teilweise entfernt, es reiche aber noch zum Glück. Zynischer Angriff und barmherziger Trost, so wird der auch hier nicht in Frage gestellte Eingriff in den kindlichen Jungenkörper durch den sich im Humor auflösenden Widerspruch letztlich gerechtfertigt.

Verfolgt man die seit dem Urteil des Kölner Landgerichtes entbrannte Debatte, fällt unmittelbar die Polarität der Positionen auf, die in emotionaler und zum Teil polemischer Weise unverrückbar ausgetauscht werden. Nahezu jeder Bürger scheint ad hoc eine klare Meinung zu der Frage zu haben und bereit zu sein, diese auch in jeglicher Form kund zu tun.

Es geht um hehre Werte der Republik wie Kindeswohl, das Recht auf Selbstbestimmung, körperliche Unversehrtheit, Elternrecht und Religionsfreiheit.

Der aufgeklärte Bundesbürger empört sich wie selten angesichts des unerklärlichen archaischen Ritus. In allen relevanten Medien wird diskutiert, werden differenzierende Begründungen für die eine oder die andere Position geliefert. Eines fehlt jedoch von Beginn an: Das Anhören und das sich Einlassen auf die Sichtweise der Betroffenen. Die Diskussion tobt über die Köpfe betroffener Eltern und Jungen hinweg. Natürlich werden Repräsentanten der Religionsgemeinschaften gehört, die sich jedoch angesichts der Heftigkeit der Debatte nur auf Grundsatzpositionen zurückziehen (können).

So kann einem ausnahmsweise das Parlament fast Leid tun, das nun eine Lösung finden musste, die nicht nur die Rechtssicherheit wieder herstellt, sondern auch Toleranz und ein friedliches Miteinander in unserer pluralistischen Gesellschaft (auch vor dem Hintergrund einer spezifisch deutschen Historie) künftig gewährleistet.

Mit diesem Aufsatz soll versucht werden mit Augenmaß die ausgetauschten Argumente abzuwägen und auf ihre Stichhaltigkeit hin zu überprüfen. Es soll auch ein gewisses Verständnis dafür geweckt werden, dass Religionsgemeinschaften nicht über Nacht identitätsstiftende Traditionen und Riten abwerfen. Sie sollten am konstruktiven Dialog teilnehmen. Auf beiden Seiten fehlt bisher der erkennbare Wille zum Kompromiss.

Beschneidung ist der deutsche Ausdruck für das teilweise oder vollständige Entfernen der männlichen Vorhaut. Synonym wird der eingedeutschte Begriff Zirkumzision (lateinisch Circumcision für Umschneidung) verwendet. Von der plastischen Erweiterung einer verengten Vorhaut ohne Gewebeentfernung ist die Teilbeschneidung oder Vollbeschneidung abzugrenzen. Da es im Folgenden um die religiös motivierte Beschneidung geht, die sowohl im Judentum als auch im Islam das vollständige Entfernen der die Eichel normalerweise bedeckenden Vorhaut (lateinisch: Präputium) erfordert, ist der Terminus "Beschneidung" jeweils als "vollständige Beschneidung" zu verstehen. Auf den von Beschneidungsgegnern ebenfalls genutzten Begriff der "Genitalverstümmelung" wird bewusst verzichtet. Zwar kann die Amputation (das Entfernen) eines Körperteiles medizinisch korrekt per definitionem als Verstümmelung bezeichnet werden, im deutschen Sprachgebrauch schwingt jedoch immer eine negative Konnotation mit. Außerdem liegt eine begriffliche Nähe zur weiblichen Genitalbeschneidung, die durch die UN als abzulehnende Verstümmelung klassifiziert ist (femal genital mutilation FGM), vor. Die durchaus bewusst verwendete Semantik führt unmittelbar und vor der rational argumentativen Auseinandersetzung zu einer negativen Färbung und begünstigt eine emotionale Grundhaltung im Sinne einer ablehnenden Vorannahme - oder aber bei den Betroffenen zu einer emotionalen Abwehrhaltung. Wie zu zeigen sein wird, erschwert die Emotionalität der Debatte den Dialog. Insofern wird hier der neutral gewichtete Begriff der Beschneidung verwendet.

Geschichte der Beschneidung - ein Abriss

4000 v. Chr.: Hinweise für Beschneidung an ägyptischen Mumien

2400 v. Chr.: Ägyptische Darstellung einer Beschneidung

2300 v. Chr.: Beschreibung einer Massenbeschneidung durch Uha (Ägypten)

1300 v. Chr.: Übernahme des Rituals von den Ägyptern durch die Juden

50 n. Chr.: Paulus hält die Beschneidung für die Christen für nicht erforderlich

600 n. Chr.: Übernahme der Beschneidung durch den Islam

Geschichte und Ursprung der Beschneidung bleiben alt und geheimnisvoll. Relativ sicher ist dieser "chirurgische" Eingriff nicht nur der vermutlich am häufigsten praktizierte, sondern auch einer der ältesten der Menschheit. Falls das Ritual sich zusammen mit der Sprache ausgebreitet haben sollte, könnte es zumindest bei Bantu-sprechenden Stämmen Afrikas bereits vor über 7000 Jahren praktiziert worden sein. Auch für die australischen Aborigines wird ein Alter des Brauches von möglicherweise 10.000 Jahren angegeben.[1]

Ein sicheres Dokument liegt in Form eines ägyptischen Reliefs vor, welches ziemlich präzise auf 2420 v. Chr. datiert wird. Das in Sakkara gefundene Relief zeigt in einer Reihe stehende Jungen oder junge Männer, die soeben von vor ihn knienden Männern beschnitten werden. Die dargestellte Praxis war aber sicher älter. Hinweise an Mumien gehen auf das 4. vorchristliche Jahrtausend zurück.

Erstaunlich bleibt die Verbreitung in extrem weit über die Welt verteilten Stammeskulturen. So praktizierten und praktizieren über den Kontinent verteilt viele Stämme Afrikas die Beschneidung ebenso wie australische Aborigines und neuseeländische Stämme. Auch auf den Fidschis, Samoa, Borneo und den Philippinen wird beschnitten.

Historisch einigermaßen nachvollziehbar ist der Ritus durch die Texte produzierenden Kulturen des nahen Ostens. Für den Rest der Welt können nur Vermutungen anhand etymologischer Überlegungen bzw. Ableitungen aus dem bekannten soziologisch-kulturellen Austausch gezogen werden.

Erst recht bleiben die Gründe für die Einführung dieser Praxis unklar. Relativ sicher handelte es sich oft um einen Initiationsritus am Übergang vom Jungen zum Mann.

Umstritten und diskutiert bleiben die Rolle der Ästhetik, der Sexualität und medizinisch-hygienische Aspekte. Interessant ist in dem hier diskutierten Zu-

---

1
http://www.historyofcircumcision.net/index.php?option=com_con
tent&task=view&id=31&Itemid=54, zuletzt abgerufen: 30.12.12

sammenhang lediglich, dass die jeweilige Gruppe von Beschneidungsgegnern oder - Befürwortern aus den historischen Spekulationen die Quellen auswählt, die ihr Anliegen passend konnotieren. So gibt es in der mehrtausendjährigen Beschneidungsgeschichte Ägyptens sowohl die Theorie, dass die Sklaven auf diese Weise "markiert" wurden, als auch Hinweise für die Praxis als ein besonders dem Adel und den Wohlhabenden vorbehaltenen Privileges.

Allgemein wird davon ausgegangen, dass die Juden die Beschneidung von den Ägyptern übernommen haben.

Beim Übergang zum Christentum wurde die Bedeutung der Beschneidung zunächst (v.a. durch Paulus) relativiert und schließlich abgeschafft. Der Brauch wäre ein großes Hindernis für die Missionierung von Römern und Griechen gewesen.

Sowohl Christen als auch Juden setzten sich im Mittelalter theoretisch mit Bedeutung und Interpretation der Beschneidung auseinander. Exemplarisch seien auf christlicher Seite der Mönch und Theologe Abaelard (12. Jhd.) sowie Thomas von Aquin genannt, die beide die Bedeutung der Beschneidung erneut relativierten bzw. auf eine spirituelle Ebene hoben, sowie der jüdische Philosoph und Arzt Maimonides (ebenfalls 12. Jhd.), der sich erstaunlich reflektiert mit dem Ritual auseinandersetzte und versuchte es auch rational zu begründen. Dabei spielte das die jüdische Gemeinde verbindende Element ebenso eine Rolle wie die Kontrolle des Sexuallebens durch die "Schwächung des männlichen Organs". Auf der anderen Seite stellte das Ritual die eindeutige Abgrenzung zwischen den Religionen dar. Während des aufflackernden

14

europäischen Antisemitismus wurde Anfang des 13. Jahrhunderts päpstlicherseits die Beschneidung den Christen grundsätzlich verboten. Bis in das 17. Jahrhundert wurden Geschichten von christlichen Jungen kolportiert, die von Juden entführt, beschnitten und ermordet worden seien.[2]

Auf der anderen Seite wurde die Beschneidung Jesu wiederholt Bestandteil der darstellenden Kunst und die Vorhaut Christi wurde (und wird) als die heiligste aller Reliquien an mehreren Orten Europas verehrt.

Im Rahmen der Entwicklung der Medizin und mit ihr der Veröffentlichung von medizinischen Schriften erschienen im 18. Jahrhundert Werke, die den krankmachenden Effekt der Masturbation beschrieben.[3] Als effektives Gegenmittel wurde die Beschneidung angeführt. Während sich diese Auffassung in Kontinentaleuropa kaum durchsetzte, verbreitete sie sich jedoch über England auch in den USA, Kanada und Australien.

Ab Mitte des 19. Jahrhunderts wurde diese "therapeutische" Indikation[4] durch eine Reihe weitere medi-

---

2 Gollaher: Das verletzte Geschlecht. S. 51 ff.
3 Simon-Auguste Tissot: Die Onanie, oder Abhandlung über die Krankheiten die von der Selbstbefleckung herrühren. http://www.sgipt.org/wisms/geswis/psychiat/tissot/ona1t.htm#Vor rede_16%20%20%20Inhaltsverzeichnis%20erste%20Seite
4 „Eine Abhilfe für Masturbation, die bei kleinen Jungen fast immer erfolgreich ist, ist die Beschneidung [...] Die Operation sollte durch einen Chirurgen ohne Betäubung vorgenommen werden, da der damit verbundene Schmerz einen heilsamen Effekt auf den Geist hat, insbesondere wenn er mit der Vorstellung von Bestrafung verbunden ist."

zinische Vorzüge ergänzt, im 20. Jahrhundert die Neugeborenenbeschneidung dann im Wesentlichen hygienisch begründet und Routinepraxis in angelsächsischen Entbindungskliniken. Die Anzahl der beschnittenen Neugeborenen in den USA nahm bis in die 70 er Jahre kontinuierlich zu.

Im Nachkriegsengland unterzog Douglas Gairdner die Beschneidungspraxis vor allem aus ökonomischen Gründen einer kritischen Überprüfung.[5] In seiner 1949 erschienenen und bis heute viel zitierten Arbeit untersuchte er die Bedeutung der Vorhaut und stellte fest, dass ihre routinemäßige Entfernung mehr Schaden als Nutzen brächte. Daraufhin wurde die Übernahme der Kosten durch die britischen Krankenkassen eingestellt und die Zahl der Beschneidungen in England ging zurück.

– John Harvey Kellogg, 1888
http://de.wikipedia.org/wiki/Zirkumzision - cite_note-31
5 Douglas Gairdner: Fate of Foreskin: BRITISH MEDICAL JOURNAL, Volume 2, Pages 1433-1437, December 24, 1949. abrufbar unter:
http://www.cirp.org/library/general/gairdner/

Die Beschneidungsdebatte in Deutschland

Teil I

Bereits in den zurückliegenden Jahrzehnten wurde die Beschneidung gelegentlich in deutschen Medien thematisiert. Auf die auch in Deutschland zeitweilig erkennbare Neigung den Amerikanern zu folgen und die prophylaktische Beschneidung zu empfehlen reagierte bereits 1978 (25/78) der Spiegel mit einem kritischen Artikel.[6] In der Zeit (48/98) wurde anlässlich des fünften internationalen Symposiums über sexuelle Verstümmelung in Oxford ein Artikel in ähnlich kritischem Ductus verfasst. [7]

Ende 2006 veröffentlichte Matthias Schulz im Spiegel einen sehr umstrittenen Artikel zum Ursprung des Monotheismus, der auf ein Buch des Ägyptologen Jan Assmann zurückging und die jüdische Beschneidung als "blutiges Attentat, das sich wie ein Mal in den Körper einbrannte" bezeichnete. Heftige Proteste in Zeitungen und Internet waren die Folge.[8]

2007 war das Thema wegen eines OLG-Urteils im Raum Hessen kurz in den Medien. Ein nicht sorgeberechtigter, von Mutter und Sohn getrennt lebender muslimischer Vater hatte während eines

---

6 Schwapp - ab v. 19.06.1978: www.spiegel.de/spiegel/print/d-40615378.html; zuletzt abgerufen: 30.12.12
7 Mit Geduld und Stahl: http://www.zeit.de/1998/48/199848.beschneidung_.xml; zuletzt abgerufen: 30.12.12
8 http://www.welt.de/print-welt/article708288/Ist-eine-Spiegel-Titelgeschichte-massiv-antisemitisch.html; zuletzt abgerufen: 30.12.12

17

muslimischer Vater hatte während eines Besuches den Sohn beschneiden lassen und war wegen fehlendem Recht zur Einwilligung zivilrechtlich verurteilt worden.[9]

2006 veröffentlichte die Soziologin und Islamkritikerin Necla Kelek ihr Buch "Die verlorenen Söhne", in dem sie unter anderem die traumatische Beschneidung ihrer Neffen in der Türkei schildert. Sie deutet an, dass nach deutschem Recht die nicht medizinisch indizierte rituelle Beschneidung eine strafbare Handlung darstellen müsse. Von Keleks Buch inspiriert beauftragte der Bochumer Strafrechtler Rolf Dietrich Herzberg seinen wissenschaftlichen Mitarbeiter, Holm Putzke, diese Fragestellung zu untersuchen. Dieser publizierte sie erstmals in Form einer Festschrift zu Ehren seines Mentors, Prof. Herzberg. Es folgten weitere Veröffentlichungen in juristischen Fachzeitschriften. Im August 2008 erschien in Zusammenarbeit mit Münchner Kinderchirurgen, die ihrerseits seit 2001 die nicht medizinisch indizierte Beschneidung in Frage stellen, ein Artikel zur "Strafbarkeit ritueller Beschneidung" im Deutschen Ärzteblatt. Während der juristische Aspekt sorgfältig dargelegt und diskutiert wird, wird der medizinische Teil wissenschaftlich eher oberflächlich abgehandelt. Der Artikel wurde in der Ärzteschaft kurz diskutiert. Der Berufsverband der niedergelassenen Kinderchirurgen ließ die juristische Fragestellung überprüfen mit dem

---

9
http://www.olgfrankfurt.justiz.hessen.de/irj/OLG_Frankfurt_am_
Main_Internet?rid=HMdJ_15/OLG_Frankfurt_am_Main_Internet/
sub/24c/24c33ea3-35d1-511a-eb6d-f144e9169fcc,,,11111111-
2222-3333-4444-100000005003.htm

Ergebnis, dass auch eine andere Interpretation des Strafgesetzes denkbar erscheint.[10] Gleichzeitig wurde auf die möglichen Folgen einer Strafbarkeit der rituellen Beschneidung durch deutsche Ärzte hingewiesen. Viele Kliniken lehnten in der Folge die Durchführung der rituellen Beschneidung ab, während die meisten niedergelassenen Kinderchirurgen diese Leistung zu einem Selbstkostenpreis in Narkose weiter anboten. Im Herbst 2008 fand in Berlin Neukölln ein Symposium zur rituellen Beschneidung unter Beteiligung von Ärzten und Vertretern beider betroffener Religionsgemeinschaften statt, bei dem auch überraschend Prof. Putzke erschien. Das Thema wurde breit diskutiert und mit dem Hinweis auf derzeit fehlende einschlägige strafrechtliche Verfahren vertagt.

2010 wurde ein vierjähriger Junge in Köln rituell ambulant beschnitten. Wegen einer Nachblutung wurde er in eine Klinik eingeliefert und entsprechend versorgt. Die Mutter sprach schlecht Deutsch, war sehr aufgeregt und wirkte verwirrt. Wegen dem Verdacht auf eine unsachgemäße Operation wurde Strafanzeige gestellt. In einem ersten Verfahren wurde der Operateur nach Klärung aller Umstände durch das Amtsgericht freigesprochen. Die Staatsanwaltschaft legte Berufung ein. Am 07. Mai 2012 verkündete das Landgericht Köln den Urteilsspruch.[11] Operateur und Eltern wurden freigesprochen, da "sie sich im Verbotsirrtum" befunden hätten. Das Gericht machte aber deutlich, dass das Kindeswohl und das Recht auf

10 Schramm et al: Urologe 2009, 48:869-873
11
http://www.justiz.nrw.de/nrwe/lgs/koeln/lg_koeln/j2012/151_Ns_169_11_Urteil_20120507.html

körperliche Unversehrtheit höher zu bewerten seien, als das Elternrecht und die Religionsfreiheit. Es folgte im Wesentlichen der Argumentation Putzkes, führte aber abschließend an, dass andere juristische Auslegungen bekannt und denkbar seien.[12] Wegen des Freispruchs entfiel der Anspruch auf Revision. Jost Müller-Neuhof wies im Tagesspiegel am 20.08.12 darauf hin, dass auch die Staatsanwältin es versäumt habe in diesem wichtigen Fall entweder Revision einzulegen oder aber die nächst höhere Ebene wenigstens, wie üblich, zu informieren. So blieb das Urteil eines Einzelgerichts, das als keinerlei bindenden Charakter hatte (die Beschneidung war damit nicht etwa verboten, wie oft dargestellt wurde), einige Wochen unbemerkt. Laut Müller-Neuhof erfolgte die Veröffentlichung des Urteils in der Financial Times am 26.06.12 erst auf aktives Betreiben Putzkes hin.[13]

Mitten in der Eurokrise entbrannte in Deutschland eine Diskussion um die Praxis der rituellen Beschneidung, als werde einem Großteil der Bevölkerung und der Ärzteschaft erst jetzt klar, dass es diese Praxis auch in Deutschland gibt. Sämtliche Medien beteiligten sich. Neben den üblichen Talkshows zum Thema (Jauch, Will, Maischberger) fiel eine differenziertere Debatte in den Printmedien auf. Das Internet bestätigte seinen Ruf für entgleisende Kommentare in den einschlägigen Foren.

---

12 Schramm et. al: Urologe 2009, 48:869-873
13 Jost Müller-Neuhof: Chronik einer beispiellosen Debatte. Der Tagesspiegel v. 20.08.2012. Dieser Aspekt einer manipulierten Debatte verdient angesichts des folgenden Desasters eine besondere Aufmerksamkeit.

Die deutsche Ärzteschaft äußerte sich uneinheitlich. Während Chirurgen, Urologen, die niedergelassenen Kinderchirurgen und die Bundesärztekammer ihre Sorge äußerten, dass bei einer Kriminalisierung des Rituals und zu erwartender Abdrängung der Operation ins Ausland bzw. die Illegalität mit entsprechend eingeschränkter medizinischer Sorgfalt negative Folgen für die Jungen aus medizinischer Sicht zu erwarten seien, begrüßte der Berufsverband der Kinder- und Jugendärzte das Urteil im Hinblick auf die Kinderrechte. Auch die Gesellschaft für Kinderchirurgie begrüßte das Urteil in einer Presseerklärung, die ohne große Absprache durch Herrn Prof. Stehr verfasst wurde, welcher einer der Co-Autoren des 2008 mit Herrn Putzke im Ärzteblatt publizierten Artikels war, und dessen Position gegen die medizinisch nicht begründete Beschneidung lange bekannt ist. Die offenbar von leidenschaftlichen Gegnern der rituellen Beschneidung verfassten und mit der Basis kaum abgesprochenen Pressemitteilungen wurden innerhalb der Ärzteschaft heftig diskutiert, fanden aber folgerichtig großen Anklang in den Reihen der entschiedenen Beschneidungsgegner.

Es gibt innerhalb der deutschen Ärzteschaft dabei kaum einen Dissens, dass der medizinische Nutzen einer rituellen Beschneidung zweifelhaft ist. Die Diskussion um die Frage nach dem Ausmaß des Eingriffes, sowie nach der Häufigkeit und dem Schweregrad der möglichen Komplikationen weist hingegen auch in Fachkreisen bisweilen polemische Züge auf. Das eigentliche ärztliche Dilemma, nämlich die Ablehnung des Eingriffes aus prinzipiellen Gründen oder aber die eingeschränkte Duldung um im Sinne des Kindeswohles zumindest den medizinischen Standart sicherzustellen, unterscheidet die Positionen.

Auf einer anderen Ebene wird anhand des Diskurses auch in den Medien eine zunehmend säkulare Einstellung zur Religiosität sichtbar, die von Narvid Kermani in der Süddeutschen Zeitung als Vulgärrationalismus bezeichnet wird.[14] Besondere Erwähnung finden sollte der Beitrag von Matthias Franz in der FAZ zu den möglichen psychologischen Folgen der Beschneidung, der sehr professionell und kompetent formuliert, dabei aber inhaltlich so unausgegoren ist, dass er weiter unten eine detailliertere Betrachtung verdient (s.u. Psyche). Beachtlich ist darüber hinaus die Wirkung des über den Artikel hinausgehenden, von Franz ebenfalls in der FAZ veröffentlichten "Offenen Briefes" an Bundesregierung und Bundestag, welcher von einer erstaunlichen Anzahl von Juristen und Medizinern unterschrieben wurde (s.u.).

Zwischenzeitlich hatte sich die öffentliche Debatte auf den Gegensatz Meinungsfreiheit und Religionsbeleidigung (Stichwort Mohamedvideo) verlagert. Allerdings fehlte hier der pikante Aspekt, dass auch die jüdische Religion betroffen ist. Nicht nur französische Medien waren daher der Auffassung, dass nicht ausgerechnet Deutschland der erste Staat weltweit sein sollte, der die rituelle Beschneidung verbietet. Im Juli beauftragte der deutsche Bundestag die Bundesregierung mit einer Gesetzgebung unter der Maßgabe die rituelle Beschneidung minderjähriger Jungen eindeutig zu erlauben. Der nationale Ethikrate tagte und

---

14 Narvid Kermani: Triumph des Vulgärrationalismus. SZ 30.06.12

befand im August, dass der Eingriff unter strengen Bedingungen straffrei bleiben sollte. Für die Gruppe derer, die um das Prinzip der kindlichen Unversehrtheit kämpfen, reichte diese Empfehlung natürlich nicht.

Am 25.09.12 legte die Justizministerin Leutheuser-Schnarrenberger ihren Gesetzesentwurf zur Straffreiheit der nicht medizinischen Beschneidung unter bestimmten Bedingungen vor.

Mit der Vorlage des Entwurfes flammte erwartungsgemäß auch die Debatte erneut auf. Während die strikten Beschneidungsgegner der Politik insgesamt einen opportunistischen Kotau vorwerfen, begann bereits die Politisierung. Die konservative "Welt" begrüßte den Entwurf. Insbesondere die Abkoppelung von der religiösen Motivation wurde als gelungen eingeschätzt.[15] Markus C. Schulte von Drach war dagegen irritiert und hielt den Auftrag des Parlamentes an das Ministerium für nicht eingelöst. Er blieb gleichwohl eine durchdachte Alternativregelung schuldig.[16] Die Opposition sah deutlichen Nachbesserungsbedarf. Der Entwurf wurde Ende September den einschlägigen Institutionen und Verbänden vorgelegt, die in höchst unterschiedlich bewerteten. Vor allem der Berufsverband der deutschen Kinderärzte, die Deutsche Gesellschaft für Kinderchirurgie und der Kinderschutzbund äußerten sich empört, eröffneten jedoch keine neue Perspektive für eine Lösung. Stattdessen schlug der Kinderschutzbund als Alternative ein zweijähriges Moratorium vor. Am runden

---

15 s.a. Matthias Drobinski: Zum Glück unpräzise. SZ 26.09.12
16 Markus C Schult von Drach: Beschneidungsrecht wie bestellt SZ 27.09.12

Tisch sollte nach Lösungen gesucht werden. Unter den gegebenen Umständen konnte das allerdings niemanden befriedigen. Daher wäre die Umkehrung, etwa durch ein befristetes Gesetz sinnvoller gewesen. Im Oktober folgte die Vorlage des Gesetzes im Kabinett.

Juristisch wurde die Gesetzesvorlage ausführlich von Herzberg analysiert und diskutiert (siehe unten). Einen Überblick über die Positionen der innerhalb ihrer Fraktionen zerrissenen Parlamentarier lieferte Miriam Lau am 11.10.12 in der Zeit.[17] Der grüne Kilic sei gegen das Gesetz (s.u.), Volker Beck zur Überraschung Vieler dafür. Marlene Rupprecht SPD wurde zur Galionsfigur der parlamentarischen Beschneidungsgegner, die in der Folge einen überfraktionellen Gegenentwurf entwickelten. Auch in der FDP gab es, ebenso wie in der CDU, konträre Ansichten, wobei in vielen Fällen offenbar auch im Bundestag das Verhältnis des säkularen Staates zu Macht und Bedeutung der Religion im Allgemeinen Grundlage für die jeweilige Position war.

Das Gesetz

Mittlerweile liegt ein am 12.12.12 durch den Bundestag mit großer Mehrheit verabschiedetes Gesetz vor. Die Politik konnte gar nicht anders, als hier Zugeständnisse zu machen. Es hätte den Freunden und Wegbereitern des Kölner Urteils klar sein müssen, dass die juristische Zuspitzung der Frage eine gesetzliche Lösung erforderte, die eher nicht im Sinne der

17 Miriam Lau: Die Sache mit der Beschneidung. In: Die Zeit vom 11.10.12

für das vermeintliche Kindeswohl Streitenden liegen würde.

Möglicherweise wird damit die durchaus nachvollziehbare Logik und Argumentation des Diskurses ausgehebelt und die Diskussion vorerst abgewürgt.

Die Eckdaten lauteten wie folgt:

1. Der Eingriff bleibt eine "Körperverletzung"

2. Die Beschneidung wird abgekoppelt von der (religiösen) Motivation. Ihre Durchführung bei den eigenen Söhnen ist den Eltern prinzipiell erlaubt.

3. Der Eingriff sollte unter medizinisch einwandfreien Bedingungen von Ärzten durchgeführt werden.

4. Er kann bis zum Alter von 6 Monaten von speziell geschultem nichtärztlichem Personal (Mohel) durchgeführt werden.

5. Ältere Jungen haben ein Vetorecht. Das heißt, wenn sie die Beschneidung ablehnen, sollte sie nicht durchgeführt werden.

Kommentar:

1. Dass die Beschneidung eine Körperverletzung darstellt, ist nach deutschem Recht selbstverständlich. Jede Operation und jede Blutentnahme stellen Körperverletzungen dar, für deren Straflosigkeit aber strenge Regeln gelten.

2. Die Gültigkeit des Gesetzes auf jegliche medizinisch nicht indizierte Beschneidung bei Jungen auch jenseits einer religiösen Motivation auszudehnen ist aus Gründen der juristischen Tragfähigkeit sicher sinnvoll und vermeidet den Vorwurf einseitig den Religionen zuliebe Grundrechte zu beschneiden. Eine Ausdehnung der Beschneidungspraxis ist jedoch si-

cher nicht zu wünschen. Insofern das Gesetz jedoch einen juristisch sicheren Boden darstellt, auf dem auf Dauer eine Entwicklung weg von jeglicher Jungenbeschneidung gesellschaftspolitisch stattfinden kann, ist dies zu tolerieren. Die wenigen Eltern, die aus nichtreligiösen Gründen ihren Sohn beschneiden lassen wollten, ließen sich in unserer Praxis immer relativ schnell überzeugen diese Entscheidung doch ihrem Sohn selber zu überlassen. Falls nicht, obliegt es dann der ethischen Verantwortung des Arztes, darüber zu befinden, ob er einen solchen Eingriff durchführen möchte.

3. Es ist aus kinderchirurgischer Sicht fragwürdig die Beschneidung bis zum Säuglingsalter von 6 Monaten auch nichtärztlichem Personal zu gestatten. Hiermit soll offenbar den Juden die Möglichkeit eröffnet werden, weiterhin einen Mohel die Brit Mila durchführen lassen zu können. Dies sollte in der Neugeborenenphase (strenggenommen am 8. Lebenstag) geschehen. Eine Ausdehnung dieses Zeitfensters noch weit über die "schwedische Lösung" von 2 Monaten hinaus ist nicht sinnvoll, zumal das Gesetz unklar über die notwendigen Mittel zur Schmerzbekämpfung bleibt.

4. Es wurde bereits darauf hingewiesen, dass die geforderte ärztliche Durchführung der Beschneidung bei den älteren Jungen die adäquate Schmerzbekämpfung impliziert. Aus kinderchirurgischer Sicht ist diesbezüglich die Vollnarkose, verbunden mit einer zusätzlichen lokalen Betäubung, zu fordern.

5. Die Durchsetzung eines Vetorechtes ist wünschenswert aber problematisch, da kaum überprüfbar. Auch hier gibt das Gesetz lediglich einen Rahmen vor, der durch verantwortliches Handeln aller Betei-

ligten zu füllen ist. Dies gilt jedoch für jedes vergleichbare Binnenverhältnis, sei es zwischen Eltern und Kind, sei es zwischen Arzt und Patient.

Am 22.12.12 berichtete Spiegel online über eine Infratest-Umfrage unter 1000 repräsentativ ausgewählten Bürgern, die zu 70% das Gesetz ablehnten.[18] In 689 (!) Kommentaren wurde mehrheitlich die "undemokratische" Entscheidung des Parlamentes kritisiert und den Politikern Opportunismus, Käuflichkeit und mangelnde Repräsentanz des Bürgerwillen vorgeworfen.

Beispiel:
4. Repräsentative Demokratie[19]
22.12.2012
Wir haben eben keine direkte Demokratie. Repräsentativ bedeutet eben,daß die Abgeordneten de facto nach dem Wohl ihrer Partei und dem Wohl der stärksten Lobby abstimmen. Zudem darf man sie ja auch noch straflos bestechen. Ich rufe also jeden Bürger zu Geldspenden an "seinen" Abgeordneten auf um die Volksvertreter die Entscheidung in Richtung seiner Wähler zu erleichtern Bei der Euro-Rettung gabs auch keine Mehrheiten! Auch nicht bei vielen Bundeswehreinsätzen,etc...

oder:

Und was soll der Unsinn mit dem Antisemitismus? Es sind ja gerade "Semiten", die durch dieses Verbot vor barbarischen Verstümmelungspraktiken geschützt werden sollten.

---

18 http://www.spiegel.de/politik/deutschland/studie-mehrheit-der-deutschen-gegen-beschneidungsgesetz-a-874473.html
19 Dr. Drews: http://forum.spiegel.de/f22/infratest-umfrage-mehrheit-der-deutschen-gegen-beschneidungsgesetz-78658.html#post11608662

An dieser Stelle muss den Kommentatoren vorgeworfen werden, sich nicht ausreichend über den überaus mühsamen Prozess der Meinungsfindung, dem sich die Parlamentarier unterworfen haben, informiert zu haben. In vielen Sachverständigenanhörungen und Einzelgesprächen haben die Bundestagsabgeordneten sich über Wochen intensiv bemüht im Sinne eines rechts- und gesellschaftspolitischen Friedens eine für das Wohl des Landes richtige Lösung zu finden. Viele gaben ihre Stimme für das Gesetz angesichts des offenkundigen Dilemmas mit einigen Bauchschmerzen ab. Dieser Prozess ist völlig transparent und spiegelt die gesellschaftliche Debatte.[20]

Die Abgeordneten machten keinen Hehl aus ihrem Unmut, dass gerade die diffamierenden bis rassistischen Äußerungen aus dem Internet sie unter anderem zu der gesetzgeberischen Eile getrieben hätten.

Bevor auf einzelne Positionen der Debatte eingegangen werden soll, empfiehlt sich eine nähere Betrachtung des "Streitgegenstandes". So soll unter Ein-

---

20 19.07.12 Antrag an die Bundesregierung über die Vorlage eines Gesetzes: http://dip.bundestag.de/btd/17/103/1710331.pdf
22.11.12: Erste Lesung:
http://dip21.bundestag.de/dip21/btp/17/17209.pdf
12.12.12: Abstimmung und Annahme des Gesetzes:
http://dip21.bundestag.de/dip21/btp/17/17213.pdf
Den Protokollen ist das Bemühen um eine sachlich ausgewogene Debatte und das Ringen um die richtige Lösung ebenso zu entnehmen wie die Gesetzesvorlagen der Regierung und der überfraktionellen Opposition um Marlene Rupprecht (SPD), der im Wesentlichen dem Vorschlag von Putzke et al. entspricht.

beziehung eigener Erfahrungen die medizinische Seite der Beschneidung möglichst detailliert und in ihrem Facettenreichtum beschrieben werden, damit klar wird, um welche Art der Verletzung es eigentlich geht. Handelt es sich um "einen kleinen Schnitt" oder um eine "Genitalverstümmelung"?

Anschließend soll auf die juristische Problematik eingegangen werden um schließlich den Charakter des öffentlichen Diskurses zu untersuchen.

Medizinische Aspekte

An dieser Stelle soll auf einige für die Bewertung des Eingriffs relevanten medizinischen Details einge-gangen werden. Auf eine Darstellung der verschiede-nen Beschneidungstechniken wird hingegen bewusst verzichtet. Diese sind andernorts leicht abrufbar (z.B. Wikipedia). Die fachärztlich kinderurologische bzw. kinderchirurgische Beschneidung sieht konsequent eine Technik vor, die immanente Folgeschäden ver-meidet.[21] Die Angaben beziehen sich auf die als selbstverständlich in jeder Hinsicht vorausgesetzte professionelle und kindgerechte Durchführung der Operation.

Durch eine lokale Betäubung der beiden den Pe-nis versorgenden Nerven (Peniswurzelblock) kann eine vollständige Schmerzfreiheit während einer

---

21 Wie etwa Erektionsbeschwerden durch zu straffe Beschnei-dung, Fistelbildung oder elektrochirurgische Verletzungen der Eichel.

Operation am Penis erreicht werden. Dazu wird unmittelbar unterhalb des Schambeins Lokalbetäubungsmittel durch eine Injektion verabreicht. Die Injektionsstelle kann vorab durch ein oberflächlich in Form einer Salbe aufgetragenes Anästhetikum ebenfalls so betäubt werden, dass die Injektion, wenn sie sehr langsam und vorsichtig erfolgt, nahezu schmerzfrei erfolgen kann. Allerdings muss davon ausgegangen werden, dass in vielen Fällen die Injektion zu schnell und ohne vorherige Applikation der anästhesierenden Creme erfolgt oder auch die eigentliche Operation begonnen wird, bevor der Peniswurzelblock ausreichend wirkt. Die chirurgische Prozedur erfordert je nach Methode 10 - 20 Minuten, in denen der Patient möglichst ruhig liegen sollte. Abhängig vom Alter muss er dazu beruhigt oder aber festgehalten werden.

Eine kinderchirurgisch akkurate Versorgung erfordert daher entsprechend der geltenden Leitlinien[22] eine Vollnarkose. Wird diese fachgerecht kinderanästhesistisch durchgeführt und zusätzlich der Peniswurzelblock für die lokale Betäubung gesetzt, ist die Operation für den Jungen praktisch schmerzfrei. Unangenehm ist lediglich, dass die Jungen wegen der Narkose zuvor nüchtern sein müssen. Wacht der Junge nach der Operation auf, ist er dank der lokalen Betäubung schmerzfrei. Aus kinderchirurgischer Sicht können Bedenken, wie das Mitglied des Ethikrates Reinhard Merkel sie in der SZ vom 30.08.12 anmel-

---

22 http://www.awmf.org/uploads/tx_szleitlinien/006-052_S1_Phimose_und_Paraphimose_04-2008_12-2010.pdf

dete[23], weitgehend zerstreut werden. In Deutschland kann die fachärztliche kinderchirurgische Versorgung nahezu flächendeckend gewährleistet werden.

Der weitere Verlauf der Wundheilung ist abhängig von der lokalen Situation, der Persönlichkeit und der Vorbereitung des Kindes, sowie der Eltern-Kind-Beziehung.

Die lokale Situation:

Die reine Beschneidung verursacht postoperativ unter den genannten Bedingungen nur geringe Beschwerden über ein bis drei Tage. Die Jungen laufen etwas o-beinig, benötigen aber teilweise nicht einmal zusätzliche Schmerzmittel. Auch das Urinieren ist, da an der Harnröhrenmündung keine Wunde vorliegt, im Gegensatz zu vielen Berichten in Abhängigkeit von der Verbandstechnik unproblematisch.

Die postoperativen Beschwerden entstehen zum großen Teil durch die Vorhautlösung.

Im frühen Kindesalter ist die Vorhaut der Jungen sehr oft noch mit der Eichel verklebt/verwachsen. Um eine Beschneidung vornehmen zu können, muss die Vorhaut daher vorher von der Eichel gelöst werden. Es bildet sich eine oberflächliche Wunde, ähnlich einer Schürfung, die einige Tage nässen kann. Ein Verband kann dann an der Wunde kleben und die Ablösung des Verbandes schmerzhaft sein. In diesem Fall hilft die offene Behandlung, indem der Penis (etwa

---

23 Die Haut eines Anderen, SZ v. 30.08.12.
http://www.sueddeutsche.de/wissen/beschneidungs-debatte-die-haut-eines-anderen-1.1454055 (Abruf: 01.11.12)

durch Tragen eines weiten Hemdes oder einer speziellen Unterhose) frei liegt, und der Verbandswechsel damit bis zum Abtrocknen der Wunde überflüssig wird. Nach unserer Erfahrung dauert damit die komplette Wundheilung eine Woche, selten länger.

Persönlichkeit, Vorbereitung, Eltern

Ein kaum zu beeinflussender Faktor liegt in der Persönlichkeit des Jungen, der individuell auf diese für ihn sehr besondere Situation reagiert. Beeinflussbar ist hingegen die Vorbereitung und Information der Kinder. Wenn das Thema Beschneidung angstfrei besprochen wurde und positiv besetzt ist, freuen sich viele der Jungen nicht nur vor, sondern auch nach der Operation und genießen Aufmerksamkeit, Geschenke und verwöhnende Eltern. Dies erfordert ein zumindest fortgeschrittenes Kindergartenalter. Selten entgeht uns, dass die Jungen von den Eltern über den Eingriff im Unklaren gelassen wurden. Diese Jungen tun sich bereits in der Aufwachphase aus der Narkose, aber natürlich auch beim ersten Verbandswechsel, regelmäßig deutlich schwerer. Darüber hinaus - und für uns auch kaum beeinflussbar - wird in der Krisensituation der Operation oft die Dynamik zwischen Eltern und Sohn sehr deutlich. Ängstliche, behütende Eltern führen entweder zu einem ängstlichen Kind oder, häufiger noch, zu einem Jungen, der die Macht der besonderen Situation den Eltern gegenüber ausspielt.

Alter bei Beschneidung

Aus den obigen Ausführungen ergeben sich die Empfehlungen für das Alter der Jungen bei Beschneidung.

Eine Neugeborenenbeschneidung sollte wegen des etwas höheren Risikos nicht ambulant in Narkose, sondern in Lokalbetäubung durchgeführt werden. Sie sollte aus kinderchirurgischer Sicht auf die jüdische Brit Mila beschränkt werden. Wenn die Kinder 12 - 18 Monate sind, kann die Beschneidung ambulant in Narkose erfolgen und ist für die Jungen bis auf die Nüchternheit nicht sehr beeinträchtigend. Wegen der in diesem Alter noch viel häufigeren und ausgedehnteren Vorhautverklebung, haben die Kinder anschließend eine recht große Wunde auf der Eichel, die bei den Windelträgern regelmäßig mit Urin in Berührung kommt. Interessanterweise scheint der Harnstoff des Urins eine positive Wirkung auf die Wundheilung zu haben. Sie verläuft schneller und die Rate an späteren Verengungen der Harnröhrenmündung ist unserer Erfahrung nach deutlich geringer. Allerdings brennt der Urin auf der Wunde. Liegt keine Vorhautverklebung vor, ist die Beschneidung in diesem Alter nahezu völlig unproblematisch.

Ab dem Alter von zwei Jahren sollte aus den genannten Gründen die Operation zurückhaltend erfolgen. Die verschiedenen Eindrücke, gepaart mit Angst und Unsicherheit der Eltern, können schlechter adäquat verarbeitet werden. Die in einigen Lehrbüchern noch verbreitete Auffassung im Alter von drei bis fünf Jahren sollte nicht beschnitten werden, da die Jungen sich in der ödipalen Phase befänden und daher Kastrationsängste entwickeln könnten, kann bei fachärztlicher (kindgerechter) Versorgung in Narkose als widerlegt gelten (s.u.).

Je nach Entwicklung der Jungen ist in Abhängigkeit vom Verständnis und der Möglichkeit der kindgerechten Aufklärung eine Beschneidung ab etwa 4 1/2 Jahren gut durchführbar. Sinnvoller ist es allerdings weiter abzuwarten, die Jungen zur Genitalhygiene anzuhalten und den Hintergrund der Beschneidung den Jungen mitzuteilen. Erstens ist die Wahrscheinlichkeit größer, dass dann keine (oder nur noch geringe) Vorhautverklebung vorliegt (s.o.), zweitens kann der Junge sein Einverständnis (oder seine Ablehnung) - obwohl juristisch nicht voll einsichts- und aufklärungsfähig - deutlich artikulieren und drittens kann ihm die Prozedur erklärt und damit die Angst davor genommen werden.

Idealerweise wäre demnach anzustreben das Alter der Jungen bei Beschneidung sukzessive bis zum Erreichen der endgültigen Einwilligungsfähigkeit schrittweise anzuheben. Neben der Berücksichtigung der individuellen Eigeninteressen der Jungen fallen Probleme wie die Vorhautverklebung und die Komplikation der Harnröhrenverengung dann nahezu weg. Der postoperative Schmerz über zwei bis drei Tage ist überschaubar. Den Muslimen könnte allmählich die Sorge genommen werden, dass die Jugendlichen allein aufgrund der Angst vor Schmerzen ihre Beschneidung verweigern. Allerdings erfordert dies eine neue und andere Vermittlung der dem Ritus innewohnenden religiösen Inhalte durch Familie und Gemeinde um die betroffenen Jugendlichen von deren Sinn zu überzeugen. Gebräuche wie große Familienfeste müssten zumindest modifiziert werden.

Während die türkischen Muslime häufiger die älteren Jungen beschneiden lassen, scheint bei den arabischen Muslimen eher eine frühe Beschneidung üblich zu sein. Sie sind sehr schwer davon zu überzeugen, dass ein Abwarten bis in ein höheres Alter die Beschneidung für ihren Sohn erleichtern würde. Sie übertragen ihre Angst vor dem Eingriff, der bei den Vätern und Onkeln in der Regel noch ohne Betäubung durchgeführt wurde, auf den Sohn und meinen, dass eine frühe Beschneidung für ihren Sohn besser sei, da er ja vorher keine Angst davor haben könne. Nur wenigen sehr differenzierten arabischen Eltern ist bisher zu vermitteln, dass ihre Vorstellung von einer verpflichtenden Beschneidung bei ihrem Sohn auch eine Verpflichtung zur Aufklärung und Vermittlung der zugrundeliegenden Werte und Religion impliziert und dass ein entsprechend aufgeklärter Junge seiner Beschneidung auch durchaus positiv gegenüber steht. Ihre Erfahrung umfassen noch die Notwendigkeit einen Jungen, der nicht oder kaum betäubt operiert wird, festhalten zu müssen. Auch das geht beim kleineren Jungen einfacher und wird nicht - zumindest nicht bewusst - erinnert. Oft werden die Geschichten der Väter herangezogen, die mit einem schiefen Lächeln abgegeben, zumindest dazu geführt haben, bei ihrem Sohn, wenn schon nicht auf die Beschneidung, dann doch auf die begleitenden Schmerzen verzichten zu wollen.

In den USA ist die Grundlage der Neugeborenenbeschneidung einer Tradition ohne religiösen Hintergrund geschuldet. Zweifel am Sinn dieser Tradition führten zu umfangreichen Bemühungen dieser Praxis einen rationalen, d.h. medizinischen Sinn zu geben. In der zweiten Hälfte des letzten Jahrhunderts wurde eine Reihe von Studien durchgeführt, die den prophylaktischen Wert der Beschneidung untermauern sollten. Diese Argumentation wird von vielen US-Medizinern bis heute vehement verfolgt.[24]

Tatsächlich wird das Auftreten einer Reihe von Erkrankungen durch die Beschneidung verhindert, bzw. verringert.

Dabei sollte unterscheiden werden zwischen Vorteilen in der Kindheit, wie die Vermeidung von Entzündungen von Eichel und Vorhaut, Vorhautverengung, Paraphimose, Harnwegsinfektionen und der Hauterkrankung Lichen sclerosus sowie Vorteilen, die sich erst im jungen Erwachsenenalter ergeben, wie einem erniedrigten Risiko für sexuell übertragbare Erkrankungen, einschließlich HIV, und des Risikos an einem Peniskarzionom zu erkranken. Die Entscheidung sich vor letzteren Erkrankungen durch eine Beschneidung schützen zu wollen, kann durchaus vom einwilligungsfähigen jungen Mann selber getroffen werden. Diesbezüglich sind die Gegner der kindlichen Beschneidung im Recht. Sie ignorieren aber regelmäßig, dass die frühe Beschneidung vor kindlichen Er

---

24 Morris et al: A "Snip" in time: what is the best age to circumcise? BMC Pediatrics 2012:
http://www.ncbi.nlm.nih.gov/pubmed/22373281

krankungen von Penis und Vorhaut durchaus schützen kann, auch wenn diese insgesamt eher selten sind.

Die seit Jahren sehr hitzig in den angloamerikanischen Ländern unter Medizinern um die Existenz
medizinischer Vorteile der prophylaktischen Beschneidung geführte Debatte hat nun seit dem Kölner
Urteil auch Deutschland erreicht und wird in Ärzte-
kreisen intensiv geführt. Die Voreingenommenheit
der Diskutanten ist in ihrem erschreckenden Ausmaß
nicht zu übersehen und es ist erstaunlich in welcher
Rasanz die langjährige angloamerikanische Diskussion
in Deutschland innerhalb von drei Monaten kopiert
wurde. Gegner und Befürworter der Beschneidung
hauen sich ihre jeweiligen Studien geradezu um die
Ohren. Die Befürworter einer Beschneidung aus
medizinischen Gründen sind unter den deutschen
Ärzten allerdings nicht so radikal, wenn sie nicht einer der betroffenen Religionsgemeinschaft angehören.
Sie argumentieren eher beschwichtigend.

Zusammengefasst muss davon ausgegangen werden, dass sich die prophylaktische Beschneidung aus
rein medizinischen Gründen nicht rechtfertigen lässt.
Diese Auffassung vertreten die meisten Ärzteverbände der westlichen Industrienationen einschließlich des
Dachverbandes der amerikanischen Kinderärzte,
welcher die prophylaktische (Neugeborenen)Beschneidung nicht empfiehlt, aber auch nicht
ausdrücklich davon abrät. In Deutschland hat sich v.a.
die Deutsche Gesellschaft der Kinderchirurgen und
der Berufsverband der Kinder- und Jugendärzte auf
die Seite der strikten Beschneidungsgegner gestellt,
während der Berufsverband der niedergelassenen
Kinderchirurgen, der Urologen, der Chirurgen und
die Bundesärztekammer eher indifferente Stellung-

nahmen abgaben. Sie befürchten eine Verschiebung des Eingriffes in die Illegalität bzw. ins Ausland unter möglicherweise für die Jungen deutlich ungünstiger, d.h. traumatischeren Bedingungen.

Auf der anderen Seite lässt sich ein gewisser medizinischer Vorteil nicht leugnen. Erfolgt die Beschneidung aus religiösen Gründen (sowieso), kommt der Junge in den Nutzen dieses prophylaktischen Effektes, der daher bei der Frage nach dem Kindeswohl zu berücksichtigen ist.

Hygiene

Ein weiteres Schlachtfeld in der Diskussion ist die Frage, ob der beschnittene Penis hygienischer sei. Allgemein wurde immer wieder postuliert, dass ein dem frühzeitlichem Ritual beiwohnender rational nützlicher (utilaristischer) Effekt gerade in den wasserarmen Gegenden die größere Hygiene gewesen sein könnte. Diese Interpretation ist mittlerweile umstritten.

Sicher ist, dass sich zwischen Vorhaut und Eichel eine Käseschmiere oder Smegma genannte Substanz bildet, die aus abgestorbenen Zellresten besteht, und zur Besiedlung mit Bakterien neigt. Dies ist erkennbar an einem spezifischen Geruch und an den zum Teil heftigen Entzündungen, die sich vor allem in der Kindheit entwickeln können. Wenngleich eine tägliche Reinigung der Eichel mit Wasser die bakterielle Besiedlung sicher beseitigen kann, so ist immer wieder festzustellen, dass die Erfordernis für diese tägliche Genitalhygiene nicht jedem Mann bekannt ist.

So äußerte ein türkischer Arzt in einer Diskussionsrunde bei Sandra Maischberger seine Vermutung, dass unabhängig von der Verfügbarkeit fließenden Wassers, Männer sich nicht quantitativ regelmäßig den Penis reinigen, wenn einer Untersuchung zufolge nur 10% aller die Toilette besuchenden Männer sich anschließend wenigstens die Hände wüschen. Diese Argumentation ist leider nicht vollständig von der Hand zu weisen. Ein beschnittener Penis sollte eigentlich nicht hygienischer sein als ein unbeschnittener. Aus medizinischen Gründen beschnittene Männer geben aber regelmäßig die erleichterte Genitalhygiene als Vorteil an

Allein aus diesem Umstand eine OP-Indikation herzuleiten, würde allerdings der prophylaktischen Zahnentfernung aus Gründen der Kariesprophylaxe ähneln.

Funktion der Vorhaut

Parallel zu der seit der Arbeit des Briten Gairdner 1949 begonnenen wissenschaftlichen Diskussion um den Sinn einer prophylaktischen Beschneidung wird seither um den Sinn der Vorhaut gestritten. Bei den Juden manifestiert sich eine winzige Unvollkommenheit der göttlichen Schöpfung in diesem Körperteil. Aufgabe des Menschen ist es, im Auftrage Gottes durch die Beschneidung Vollkommenheit herzustellen. Demgegenüber stehen eine ganze Reihe von Arbeiten, in denen der Vorhaut durchaus eine wichtige Funktion für den Schutz der Eichel und im Rahmen der Sexualität zugewiesen wird. Die Vorhaut ist keine normale Haut, sondern weist mikroskopisch sensible Nervenenden und Tastkörperchen auf, die die Empfindlichkeit für sexuelle Reize erhöhen. Auch wurde auf die Rolle der Vorhaut als Gleitlager während der Penetration hingewiesen. Bezüglich dieser Funktion ist allerdings zu bemerken, dass sie v.a. das Eindringen in die (noch) nicht erregte und entsprechend befeuchtete Vagina erleichtert, was evolutionsbiologisch für den Mann eine wichtige Rolle gespielt haben könnte. Dieser Umstand erscheint heute weniger relevant. Sicherlich schützt die Vorhaut die empfindliche Eichel vor jeder Art von Reizen - vor allem wenn sie im frühen Kindesalter noch mit ihr verwachsen ist.

Schaden durch Beschneidung

Es existieren ebenfalls reichlich Studien über die möglichen Schäden durch eine Beschneidung. Hier ist zu differenzieren zwischen dem Eingriff selbst (und seinen Komplikationen) und möglichen Folgewirkungen. Gerade in Bezug auf die Langzeitauswirkungen werden in der laufenden Debatte laufend die Folgen des Traumas durch die Beschneidung mit den rein medizinischen Aspekten vermengt. Es bestehen jedoch gravierende Unterschiede in Abhängigkeit vom Alter, in dem der Eingriff vorgenommen wurde, der Vorbereitung der Jungen und der Art der Schmerzausschaltung. Vor allem das Schmerzerleben steht aber sicherlich in einem elementaren Zusammenhang mit der möglichen Traumaerfahrung.

Schmerz

Unabhängig vom chirurgischen Vorgehen ist aus medizinischer Sicht vorrangig die Art der Anästhesie entscheidend für relevante Folgen. Es war lange unklar, wie Neugeborene auf eine Beschneidung ohne Betäubung reagieren. Es muss heute verwundern, dass die unmittelbare Reaktion des Schreiens bis in die achtziger Jahre des letzten Jahrhunderts nicht als Schmerzreaktion gedeutet wurde. In einer vielbeachteten Studie konnte gezeigt werden, dass die so behandelten Neugeborenen bei weiteren Schmerzreizen (etwa durch eine Impfung) deutlich heftiger reagieren. Es wurde daraus geschlossen, dass der frühe und heftige Schmerzreiz der Beschneidung zur Entwicklung eines Schmerzgedächtnisses führt. Das heißt, dass Folgereize deutlich heftiger wahrgenommen werden - wie das im übrigen mittlerweile auch für ältere Kinder und Erwachsene gut untersucht ist.

Schmerzen können heutzutage unter modernen medizinischen Bedingungen für den Eingriff selbst weitgehend vermieden werden. Der postoperative Schmerz, wie oben angedeutet abhängig vom Ausmaß der Verklebung, kann nicht vollständig und sicher ausgeschlossen werden - ist aber v.a. bei älteren Jungen (ohne Verklebung) sicher überschaubar und durch leichte Schmerzmittel beherrschbar.

Blutung

Die Hauptkomplikation nach medizinisch adäquat durchgeführter Beschneidung ist die Nachblutung, die in etwa 1% der Fälle innerhalb der ersten 24 Stunden auftritt und oft durch entsprechende Verbände beherrscht werden kann. Schwerere Blutungen, die ein Nachoperieren erfordern, treten hauptsächlich in den ersten beiden Stunden nach OP auf. Eine entsprechende Nachbetreuung muss daher gewährleistet sein. Dies gilt ebenso für die nach Hause entlassenen Jungen. Der Operateur muss jederzeit erreichbar sein um eine eventuell nötige Nachbehandlung bewerten und in die Wege leiten zu können.

Verengung der Harnröhrenmündung

Die Beschneidung kann in Abhängigkeit vom Alter der Jungen zu einer leichten Verengung der Harnröhrenmündung führen. In unter 1% der Fälle ist das Urinieren so erschwert, dass die Harnröhrenmündung in einem weiteren Eingriff erweitert werden sollte. Diese Rate entspricht unseren Erfahrungen. Im Rahmen der fachlichen Diskussion werden durchaus auch durch Studien belegte Quoten von bis zu 30% genannt. Daran zeigt sich einerseits die Bedeutung einer guten fachärztlichen Versorgung, andererseits die Verunsicherung innerhalb der wissenschaftlichen Diskussion auch in medizinischen Fachkreisen.

Es gibt noch eine Reihe sehr seltener Komplikationen, die von der medizinischen Professionalität der

Operateure abhängig sind. So werden schwere Schäden der Eichel, der Harnröhre und des gesamten Penis bis hin zum kompletten Verlust des Organs beschrieben, die jedoch bei fachärztlich durchgeführter Operation nahezu ausgeschlossen werden können. Auch eine Vollnarkose birgt grundsätzlich ein Restrisiko für gravierende Komplikationen (s.u.).

(Un)Empfindlichkeit der Eichel und Sexualität

In den ersten Wochen nach der Operation ist die freiliegende Eichel empfindlich. Das lässt in der Folge nach und führt zu einer weniger berührungsempfindlichen Eichel. Die Folgen insbesondere für das Erleben der Sexualität sind Gegenstand intensiver und ausschweifender Diskussion. Es gibt kaum objektive Studien zu diesem Thema. Als vorteilhaft gilt bei einigen Männern die längere Dauer bis zum Orgasmus, nachteilig kann die mangelnde Stimulation, v.a. bei zusätzlicher Verwendung eines Kondoms, sein. Daneben werden Schwierigkeiten bei der Masturbation (Notwendigkeit von Gleitmitteln) genannt. Die aktuelle öffentliche intensive Beschäftigung mit der Qualität der Masturbation mutet für eine Gesellschaft, die noch vor 30-40 Jahren einen tabuisierenden Umgang mit der Selbstbefriedigung pflegte, und ihr im Zweifel einen schädlichen Einfluss unterstellte (nach katholischer Moral sogar bis heute), merkwürdig an. Hier ist ein weitgehend unkommentiert gebliebener Paradigmenwechsel eingetreten, der die Individualisierungstendenz in unserer Gesellschaft einmal mehr deutlich macht. Weiter unten soll darauf näher eingegangen werden.

Die Mehrzahl der Männer scheint in der Beschneidung diesbezüglich weder einen Vor- noch einen Nachteil zu sehen. Die Langzeitbewertung ist schwierig, weil die als Kind beschnittenen Männer den Unterschied zum Erleben des unbeschnittenen Penis nicht kennen. Werden erwachsene Männer hingegen wegen einer schmerzhaften Vorhautverengung operiert, empfinden sie die Beschneidung in der Regel als Erleichterung.

Hier besteht dringend Aufklärungsbedarf. Die meisten Berichte betroffener Männer über einen tatsächlich empfundenen Verlust in diesem Kontext sind Einzelfälle, vor allem aus den USA, die aus verschiedenen Gründen dramatisiert (laufender Rechtsstreit) sein könnten. Es gibt leider sehr wenige Männer, die, wie etwa Ali Utlu (s.u.), den Mut haben über die Folgen ihrer Beschneidung zu sprechen. Bislang fehlt es jenseits dieser Einzelfälle in der laufenden Diskussion an einer klaren Opferperspektive. Insbesondere für die Diskussion in den Religionsgemeinschaften wären Berichte von Männern aus ihrer Mitte extrem dienlich. Der Schwerpunkt liegt bei den wenigen Berichten allerdings eindeutig in dem Gewaltakt der ohne Betäubung durchgeführten Operation.

Eine Studie aus Dänemark hat festgestellt, dass sowohl beschnittene Männer, als auch ihre Partnerinnen etwas häufiger Probleme im Zusammenhang mit der Sexualität angaben.[25] Ob die Beschneidung damit

---

25 Morten Frisch, Morten Lindholm, Morten Grønbæk: Male circumcision and sexual function in men and women: a survey-

in einem ursächlichen Zusammenhang steht, konnte durch die Studie nicht bewiesen werden, und wurde (von einem ausdrücklichen Beschneidungsbefürworter) auch bezweifelt.[26] Während die herabgesetzte Sensibilität der Eichel objektiviert werden konnte[27], bleibt deren Bedeutung für die Sexualität völlig offen. Sexualität ist ein komplexes Zusammenspiel der unterschiedlichsten soziokulturellen und individuellen Faktoren, bei denen das Vorhandensein oder Nichtvorhandensein einer Vorhaut sowohl positiv als auch negativ einfließen kann. Wer an dieser Stelle der Beschneidung eine gravierende Bedeutung zuweist, die sogar den Staat zum Eingreifen zwingen lassen müsse, müsste in gleicher Weise jegliche die Sexualität beeinträchtigende Erziehung durch den Staat untersagen lassen.[28] Der Einfluss einer Erziehung, die die Sexualität stark reglementiert (z.B. der katholischen) auf das spätere Sexualleben ist, (im Gegensatz zur Auswirkung der Beschneidung) gut dokumentiert und ein Ausgangspunkt für die Entwicklung der Freudianischen Psychoanalyse gewesen.

based, cross-sectional study in Denmark. In: International Journal of Epidemiology Oktober 2011, 40(5), S. 1367–1381

26 Brian J. Morris, Jake H. Waskett, Ronald H. Gray: Does sexual function survey in Denmark offer any support for male circumcision having an adverse effect? In: International Journal of Epidemiology Februar 2012, 41 (1), S. 310–326

27 Sorrells ML, Snyder JL, Reiss MD, Eden C, Milos MF, Wilcox N, Van Howe RS: Fine-touch pressure thresholds in the adult penis. In: BJU Int. Band 99, Heft 4, April 2007, PMID 17378847, S. 864–869

28 Bodenheimer postuliert diesbezüglich eine "Verstaatlichung des Individuums", Haut ab: S. 51.

Der (ordnungsgemäß durchgeführten) Beschneidung psychologische Folgen als Komplikation zu zuweisen, haftet demnach etwas willkürliches an.

Psyche

Seit Sigmund Freud die sogenannte ödipale Phase im dritten bis fünften Lebensjahr verortete, gibt es in einigen Lehrbüchern die Empfehlung, die Jungen in diesem Alter nicht zu beschneiden, da ansonsten Kastrationsängste entstehen könnten. Es gibt zu dieser These bis heute keine aussagefähigen Untersuchungen. Immerhin begründete Freud damit jedoch die psychologische Frage nach dem Sinn der offensichtlich seit Menschengedenken durchgeführten Beschneidung. In Analogie zum System der Psychoanalyse entwickelte er sie zu einer symbolischen Kastration des Sohnes durch den Vater um den Inzest des sich ödipal der Mutter zuwendenden Sohnes zu unterbinden. Damit war die Beschneidung seit Freud wiederkehrend Untersuchungsobjekt psychologischer und psychoanalytischer Untersuchungen.

Cansever konnte Anna Freuds Theorie des kindlichen Traumas[29] durch eine psychologische Untersuchung an 12 in der Türkei beschnittenen Jungen nachweisen. Er kam zu Ergebnissen, die durchaus eine Kastrationsangst belegen könnten. Allerdings wurden weder die Umstände des Eingriffes (Schmerzerleben)

---

29 Freud, A. (1952). The role of bodily illnesses in the mental life of children. Psychoanaly. Study Child. New York: Int Univ. Press: http://www.cirp.org/library/psych/freud/

46

noch das Alter der Jungen gesondert berücksichtigt.[30] Ein diesbezüglich besonders empfindliches Alter darf, ebenso wie die phallische Phase und der Ödipuskomplex, mittlerweile als widerlegt gelten.

Auch Bruno Bettelheim wies die Theorie des Ritus als symbolische Kastration zurück und entwickelte seinerseits eine eigene (ebenfalls unwahrscheinliche) Hypothese.[31]

1999 hat R Goldman einen viel beachteten wissenschaftlichen Aufsatz über die psychologischen Folgen der Beschneidung verfasst. Im Wesentlichen beruft er sich auf Daten der nichtreligiös motivierten amerikanischen Neugeborenenbeschneidung. Explizit verweist er auf die neben Einzelberichten fehlenden Studien über die psychologischen Langzeitfolgen aus den Gruppen religiös beschnittener Männer. Er bemüht sich schlüssig diesen Umstand zu erklären. Auch er verweist auf das Trauma des Schmerzerlebnisses. Interessant sind seine theoretischen Überlegungen zu den Gründen einer Fortführung der Beschneidungspraxis in den aus unterschiedlichen Motiven heraus beschneidenden Gruppen. Insbesondere beschäftigt er sich mit der Frage, warum auch Mediziner wider vermeintlich besseres Wissen die bekannten Fakten und Argumente, die gegen den Eingriff sprechen,

---

30 Cansever: Psychological Effects of Circumcision: British Journal of Psychology 1965:
http://www.cirp.org/library/psych/cansever/
31 Bettelheim: Die symbolischen Wunden. 1975: Er sieht die Ursache in einem Geschlechterkampf, in dem die Mutter als treibende Kraft die Beschneidung initiert um das männliche Geschlecht (einschließlich des fließenden Blutes) symbolisch zu verweiblichen.

ignorieren und sich weiterhin dafür aussprechen. Die Schlüssigkeit der Argumentation lässt sich freilich in gleicher Weise auch herumdrehen und auf die Beschneidungsgegner anwenden.

Es liegt jedoch auf der Hand, dass die psychischen Folgen einer Beschneidung ohne Betäubung (und evtl. ohne altersgerechte Aufklärung) qualitativ anders zu bewerten sind, als wenn derselbe Eingriff weitgehend schmerzfrei und bei aufgeklärtem Kind erfolgt. Aus unserer Praxis ist lediglich ein Fall von unmittelbaren psychischen Problemen nach (medizinisch indizierter) Beschneidung bekannt. Der Junge war bereits zehn Jahre alt und gut über die Notwendigkeit des Eingriffs informiert. Überraschend sowohl für ihn selbst als auch für die Eltern hatte er Schwierigkeiten seinen veränderten Penis zu akzeptieren. Ali Utlu erzählt hingegen sehr überzeugend von dem Trauma seiner eigenen Beschneidung ohne Betäubung[32] und auch der Bericht Necla Keleks über die Beschneidung ihrer Neffen lässt psychologische Folge für den Laien als plausibel erscheinen[33] (s.u.). Darauf soll noch eingegangen werden.

Professor Franz hat - vermutlich auf Grundlage der Goldman-Arbeit - in der FAZ vom 09.07.12 einen umfangreichen fragwürdigen Aufsatz zu den möglichen psychischen Folgen der Beschneidung veröffentlicht.[34] Auch er differenziert nicht nach der das Trauma auslösenden Ursache, die zunächst immer im Schmerzerleben liegen dürfte. Die Schmerzlokalisati-

---

32 https://www.youtube.com/watch?v=1VQyLvhd28o
33 Nekla Kelek: Die verlorenen Söhne.
34 Matthias Franz: Ritual, Trauma, Kindeswohl: FAZ v. 09.07.2012

on am Genitale führt auch in den Ausführungen von Franz noch zum psychoanalytischen Reflex der "Kastrationsangst". Es ist durchaus denkbar, dass der eine oder andere Junge in einem noch zu definierenden Alter unter bestimmten Umständen eine Kastrationsangst verbunden mit Beziehungsstörungen und anderen späteren psychischen Folgen erleiden könnte. Unseren Erfahrungen entspricht das nicht. Für die weitere Diskussion sind belastbare Untersuchungen, die ein klares Ursache-Wirkung-Prinzip belegen können, zu fordern. Eine weiteres, für Gegner der Beschneidung typisches, und von Franz angeführtes Erklärungsmuster ist, dass die traumatisch erlebte Beschneidung des Vaters verdrängt werden muss, indem sie positiv besetzt wird. Der "Gewaltaspekt" wird verleugnet und verdrängt und ist der den Sohn eigentlich vor diesem Erlebnis schützenden Empathie entzogen. Dadurch entstehe die "transgenerationale Täter-Opfer-Kette", die die Notwendigkeit der Wiederholung beim jeweiligen Sohn erhält. Abgesehen davon, dass es problematisch ist ganze Volksgruppen nicht nur zu kriminalisieren, sondern auch noch zu Psychopathen zu erklären: Wenn man beginnt die Struktur der Volkspsyche erklären zu wollen (und v.a. im Internet kursiert die Auffassung die Ursache der Gewalt im Nahen Osten sei letztes Endes in der Beschneidung zu suchen, was im Übrigen auf eine grobe Unkenntnis der tatsächlichen Zusammenhänge hinweist), dürfte man auch fragen, warum ausgerechnet die Deutschen sich über eine Thematik, die sie (im Gegensatz zu den Amerikanern) nicht unmittelbar betrifft, derart aufregen, dass es weltweit zu vernehmen ist. Auch Michael Brenner stolpert über dieses Phänomen. [35] Er sieht dessen Ursache in religiöser Unwissenheit und einem "kulturellen Wandel" der "Eingang ins Rechtssystem" suche - ohne diesen Wandel allerdings näher zu spezifizieren. Den Gedanken weiterführend wäre die zunehmende Individualisierung mit korrespondierender Säkularisierung zu nennen, eine gesellschaftliche Entwicklung, die jedoch die ganze westliche Welt betrifft und somit die spezifisch deutsche Wucht der Debatte noch nicht ausreichend erklärt.

Über die Bezeichnung der Beschneidung als "elterliche Gewalt" empört sich Bodenheimer [36] und verwehrt sich gegen die auch andernorts gerne verwendete Analogie mit der Tracht Prügel, die aus guten Gründen mittlerweile ebenfalls verboten sei. Treffend führt er aus, dass es sich hierbei um eine pädagogische Maßnahme handele, die "unmittelbares Symbol autoritärer Gesamtsysteme" sei (S. 56). Die Analogie ist auch juristisch unsauber, wie weiter unten noch näher erörtert werden soll.

Zusammengefasst listet Franz eine ganze Reihe unverändert unbewiesener und bereits veralteter Thesen sprachlich schlüssig aneinander und verbirgt hinter den eingestreuten Konjunktiven ("könnte dazu führen...") ihren rein spekulativen Charakter. Wer so argumentiert, begibt sich auf ein gesellschaftliches Glatteis. Wie oben bereits angeführt, müsste konsequenterweise die orthodoxe katholische Sexualerziehung mit Verweis auf mögliche psychologische Lang-

35 Michael Brenner: Vermeintliche Barbaren. SZ 05.09.12
36 Alfred Bodenheimer: Haut ab. Wallstein 2012.

zeitfolgen staatlicherseits unterbunden werden. Wer es weltlicher möchte, müsste die negativen Auswirkungen des Medienkonsums unserer Kinder (und dies betrifft unsere Mehrheitsgesellschaft) gleichermaßen berücksichtigen und angesichts nachgewiesener Schäden sanktionieren.[37] Die Grenzen des staatlichen Einflusses werden offensichtlich und aus guten Gründen ist das Elternrecht auf Erziehung der eigenen Kinder verfassungsrechtlich geschützt. Modifikationen können lediglich im Rahmen eines gesellschaftlichen Diskurses durch Überzeugung und Aufklärung der Eltern erfolgen.

Und wären die Thesen von Franz auch denkbar, so erforderten sie dann jedoch gerade deswegen ein behutsames Annähern an die "Opfer", damit sie sich dieser "Gewalterfahrung" öffnen und die Kette selber durchbrechen können.

Aus pragmatischer Sicht gilt es bis dahin zweifellos die "Gewalterfahrung" zu minimieren.

Exkurs Phimose

Die aktuelle Debatte berührt im Wesentlichen die medizinisch nicht indizierte religiös motivierte rituelle Beschneidung. Mit dem Stellen einer medizinischen Indikation entfällt daher die gesamte Rechtsproblematik. Die häufigste medizinische Indikation für eine Beschneidung im Kindesalter ist die Vorhautverengung (griechisch: Phimose). Nun ist eine Vorhaut-

---

37 Der feine Unterschied zur Beschneidung liegt freilich in dem initialen Akt der Körperverletzung, der sich als singuläres Ereignis einer juristischen Überprüfung unterziehen lässt.

verengung bei kleinen Jungen zunächst normal. Treten keine Komplikationen wie erschwertes Wasserlassen durch die Verengung mit sogenannter "Ballonierung" der Vorhaut oder aber Entzündungen (Balanoposthitiden) auf, besteht normalerweise bis ins Grundschulalter kein Grund für ein operatives Vorgehen. Theoretisch könnte man auch bis zur Pubertät abwarten, da die Rate an Phimosen entwicklungsbedingt weiter sinkt. Da man den Jungen eine Operation zu diesem späten Zeitpunkt aus verschiedenen Gründen nicht zumuten möchte, wird üblicherweise vor Schuleintritt mit einer Salbentherapie begonnen. Seit einer Studie aus dem Jahre 1993 gelten dünn aufgetragene kortisonhaltige Salben als wirksamste konservative Therapie.[38] Erst wenn auch die Salbentherapie nicht ausreichend hilft, oder es zu einem (oder mehreren Rückfällen kommt), wird die Operation erwogen. Entscheidend aus ärztlicher Perspektive ist eine differenzierte Beratung über die verschiedenen Behandlungsoptionen.

Es gibt Eltern, die auch ohne religiösen Hintergrund, dennoch auf die Salbentherapie verzichten oder sie vorzeitig abbrechen, etwa weil die Jungen sich nachhaltig sträuben, der Befund ausgeprägt ist, oder aus unterschiedlichen Gründen die langwierigere konservative Therapie nicht erwünscht ist. Eltern, die aus religiösen Gründen sowieso eine Beschneidung ihres Sohnes wünschen, haben logischerweise ebenfalls kein Interesse an einer konservativen Salbenbehandlung. Dieser Umstand wurde von Prof. Stehr und Prof. Dietz bereits in dem gemeinsam mit

---

38 Kikiros et al: The response of phimosis to local steroid application: Pediatr Surg Int (1993) 8: 329-332.

Prof. Putzke verfassten Artikel für das Deutsche Ärzteblatt 2008 thematisiert. Den Eltern wurde unterstellt, sie wollten wohlmöglich mit diesem Verzicht auf eine konservative Therapie die Kostenübernahme durch die gesetzlichen Krankenkassen erschleichen. Es gibt natürlich einige Fälle, in denen von muslimischen Eltern versucht wird, eine medizinische Indikation herbei zu dichten. Dies betrifft jedoch die Fälle, in denen eine Phimose nicht vorliegt. Wenn die Vorhaut jedoch zu eng ist um über die Eichel gezogen werden zu können, liegt per definitionem die Diagnose einer Phimose vor. Es ist zunächst nicht vorhersehbar, ob es sich um eine alterentsprechende "physiologische" Phimose handelt, die im Wachstumsverlauf spontan oder unterstützt durch die Salbentherapie noch verschwinden würde, oder nicht.[39]

Um die These, es handele sich so gut wie immer um nicht operationswürdige Phimosen zu untermauern, führten Stehr und Dietz eine mit 95% extrem hohe Erfolgsquote der Kortisonsalbentherapie an.[40] Die hohen Erfolgsaussichten für eine konservative Therapie mit Kortisoncremes werden mit einer Studie begründet, die gerade einmal 20 Fälle aufweist. Bereits die oben zitierte, erste und bekannteste Arbeit (von Kikiros et al) zum Thema untersuchte 63 Fälle mit einer Erfolgsquote von "nur" 80%. Die tat-

---

39 Es gab in unserer Praxis einen Fall, in denen wurde die Operation eines muslimischen Jungen mit hochgradiger Vorhautverengungen, die bereits zu Komplikationen geführt hatte, mit der Begründung abgelehnt, der Junge werde ja mutmaßlich sowieso beschnitten. In diesem Fall übernehme die Kasse folglich die Kosten nicht.

40 Golubovic Z, et al: The conservative treatment of phimosis in boys; Br J Urol. 1996 Nov;78(5):786-8.

sächlich zu operierenden Fälle wurden in dem betreffenden Artikel auf seltene Ausnahmefälle reduziert. Relevante, die Operation indizierende Erkrankungen der Vorhaut wurden bagatellisiert oder sogar völlig ignoriert. Der gesamte diesbezügliche Abschnitt entsprach darüber hinaus nicht den gültigen Leitlinien zum Thema Phimose.

Grundsätzlich ist es sicherlich immer sinnvoll, eine Neigung zum operativen Vorgehen, die im Falle der Phimose für die Vergangenheit möglicherweise bestanden hat, kritisch zu hinterfragen. In diesem Fall wird jedoch offensichtlich versucht, den Erfolg der konservativen Therapie über- und die Notwendigkeit einer operativen Therapie unterzubewerten. Problematisch daran ist, dass fachfremde Diskussionspartner (wie etwa RD Herzberger oder die SPD-Abgeordnete Marlene Rupprecht) sich nun auf die genannten, vermeintlich fachwissenschaftlich fundierten, Angaben berufen.

Abgesehen davon: Wie soll sichergestellt werden, dass Eltern (gegen ihren eigenen Willen) ihren Sohn mit Kortisoncremes behandeln?

Interessanterweise hat Herzberger auch diese Situation juristisch analysiert und ist zu dem Schluss gekommen, dass, wenn den Eltern beide Behandlungsoptionen erläutert wurden und sie sich für die operative Therapie entscheiden, keine Strafbarkeit besteht[41]. Das heißt er hat die Situation, die Stehr mit seinen Ausführungen seinerzeit gerne in die Strafbarkeit verschoben hätte, dort explizit wieder heraus geholt. Dies hat nun weitreichende Konsequenzen: Weil die Wahrscheinlichkeit des Vorliegens einer

---

41 http://www.zis-online.com/dat/artikel/2012_10_705.pdf

Phimose (sei sie nun physiologisch oder pathologisch) um so größer ist, je jünger der Patient ist, würde ein Verbot der rein rituellen Beschneidung dazu führen, die Jungen möglichst früh unter der Diagnose Phimose medizinisch indiziert beschneiden zu lassen. Damit wäre das Problem der Strafbarkeit für Eltern und Ärzte gelöst. Die Minderheit muslimischer Jungen, bei denen die Vorhaut keine Phimose aufweisen würde, hätten dann "Pech" gehabt und müssten außerhalb Deutschlands oder illegal (nur eine absolute Minderheit hätte das "Glück" und würde gar nicht) operiert werden. Nun bedeutet die frühe Beschneidung, wie oben dargelegt, eine höhere Wahrscheinlichkeit für postoperative Beschwerden. Die Beschneidung ist postoperativ unter medizinischen Kautelen am wenigsten schmerzhaft, je medizinisch überflüssiger sie ist. Der zusätzliche Druck, aus Gründen der drohenden strafrechtlichen Verfolgung die Jungen in einem jungen Alter zu beschneiden, läge also unter dem Aspekt den Kindern möglichst wenig Schmerzen zu bereiten, nicht in deren Sinne. Außerdem können die Jungen sich selber zu dem Eingriff gar nicht äußern. Die anderen jedoch, bei denen keinerlei medizinische Indikation vorliegt, müssten "aus der Laune der Natur heraus" gegebenenfalls einem höheren Risiko, unter Umständen auch größeren Beschwerden ausgesetzt werden, falls sie unter schlechteren medizinischen Bedingungen operiert werden, als man sie ihnen hier gewähren könnte. Auf dieser Ebene stellt das Gesetz unter den betroffenen Jungen mehr Gerechtigkeit her, abgesehen von der Möglichkeit, den für die Jungen bestmöglichen Zeitpunkt für die Beschneidung in aller Ruhe wählen zu können.

Weibliche Beschneidung (FGM)

Nach Hoskenreport 1994 und dem Buch Wüstenblume von Waris Dirie 1998 kam es zu einer intensiven internationalen Diskussion der weiblichen Genitalverstümmelung oder "femal genital mutilation (FGM)" mit der Folge der Ächtung durch die UN. In vielen Staaten ist die FGM mittlerweile gesetzlich verboten. Im Bemühen die Überzeugungskraft der eigenen Argumente zu untermauern, werden in der Debatte um die männliche Beschneidung reichlich Beispiele herangezogen. Das Entfernen der Vorhaut wird zu dem Stechen von Ohrlöchern, Impfungen, Haare schneiden, der Taufe oder der weiblichen Beschneidung in Bezug gesetzt. Die Gegenseite wehrt sich regelmäßig empört, dass das Eine keinesfalls mit dem Anderen verglichen werden könne. Die meisten Vergleiche hinken naturgemäß mehr oder weniger, berühren jedoch einen gemeinsamen Aspekt, sonst wäre ihre Heranziehung tatsächlich unsinnig. Anstatt das bloße Ziehen eines Vergleichs als Zumutung zu betrachten, lohnt sich unter Umständen die differenzierendere Betrachtung, für die zumindest in den Talkshows die Zeit nicht reicht. Gelegentlich ist gar der Eindruck zu gewinnen, eine subtilere und nachdenklichere Betrachtung sei gar nicht unbedingt erwünscht.

So ist festzustellen, dass es unterschiedlich invasive Formen der weiblichen Beschneidung gibt. Die massiv beeinträchtigenden, das Genitale verstümmelnden Formen, so wie sie in einigen afrikanischen Kulturen noch heute praktiziert werden, bedürfen an dieser Stelle keiner weiteren Betrachtung. Daneben existiert als Minimalform -in anatomischer Analogie zur Entfernung der Vorhaut beim Mann- die Entfernung der Vorhaut an der Klitoris. Im Gegensatz zur Zirkumzision existiert für diesen Eingriff keinerlei medizinische Indikation. Sieht man von den Umständen der Durchführung ab, so sind die Langzeitfolgen vermutlich sogar geringer als nach Entfernung der männlichen Vorhaut. Diese "leichte Verstümmelung" wurde von der UN ebenfalls als FGM gewertet und entsprechend verurteilt. Von der Osten-Sacken und Piecha weisen darauf hin, dass eine der vier sunnitisch islamischen Rechtsschulen, der Schafiismus, dieser Form der FGM dieselbe Bedeutung beimisst wie der männlichen Zirkumzision, nicht ohne sich von den radikaleren Formen der weiblichen Beschneidung abzugrenzen[42]:

"Circumcision is obligatory upon men and women to us"

"We would like to point out that this "circumcision" is not what is commonly known as female genital mutilation"

Der Ritus wird - ebenfalls analog - zur männlichen Beschneidung - durch die Hadithen begründet:

1. Eine Frau praktizierte die Beschneidung in Medina. Der Prophet sagte zu ihr: Schneide nicht zu stark, da das besser für die Frau und wünschenswerter für einen Ehe-

---

42 Thomas von der Osten-Sacken & Oliver M. Piecha: Zur Beschneidungsdebatte nach dem Kölner Gerichtsurteil: www.ekd.de/ezw/Publikationen_2762.php

mann ist. 2. Die Beschneidung ist verbindlich (Sunna) für Männer und Ehrensache für Frauen. [43]

Die Autoren folgern aus dieser Konstellation:

Wird die Zulässigkeit der männlichen Beschneidung mit religiösen Motiven unter Bezug auf die Religionsfreiheit begründet, so könnten unter Berufung auf die Gleichheit von Mann und Frau - und die Religionsfreiheit Schafiiten die "leichte" Form der weiblichen Beschneidung einklagen.

Das nun vorliegende Gesetz versucht dem auszuweichen, indem einmal die Festlegung der Zulässigkeit der Jungenbeschneidung von der Religion abgekoppelt und zum zweiten eine Ausdehnung der Strafbefreiung auf die weibliche Beschneidung explizit ausgeschlossen wird.

In der Argumentation der Rechtfertigung einer religiös motivierten Praxis bleibt die genannte Problematik in ihrer Logik freilich bestehen. Da hilft es auch nicht, wenn die Repräsentanten der Juden sich weit von der FGM distanzieren.[44] Zur Relativierung des Vergleiches mit der FGM hilft schlussendlich nur der Verweis auf den völlig fehlenden medizinischen Sinn dieses Eingriffes.

Eine Randbemerkung zum Thema weibliche Beschneidung und ihre Parallelen zur Jungenbeschneidung ist dem Beitrag von Christa Müller bei Maisch-

---

43 Zitiert nach Thomas von der Osten-Sacken, Oliver Piecha, Evangelische Zentralstelle für Weltanschauungsfragen (EZW) in Berlin.

44 Bodenheimer spricht hier von einer "Kolonialisierung" des jüdischen Körpers im Sinne eines Absprechen der Geschlechtlichkeit unter Vorgabe diese zu retten. (S.51

berger zu entnehmen[45]. Frau Müller, Mitglied der Linken, engagiert sich seit Jahren gegen die FGM und trug die oben geschilderten Sorgen als Folge einer entsprechenden Gesetzesinitiative vor. Sie berichtete über die Mühen der Aktivisten in den afrikanischen Ländern, den Ritus abzuschaffen. Es sei schwierig, aber möglich. Es habe sich schließlich als effektiver herausgestellt das Gespräch mit den Imamen zu suchen um diese zu überzeugen. Predigt der Imam gegen die FGM, sei die Wahrscheinlichkeit einer Abschaffung der Praxis bei den Gläubigen höher.

Genau dieser Ansatz ist bei der Frage der männlichen Beschneidung in Deutschland zu vermissen. Die Debatte fordert geradezu den Konflikt heraus, der Dialog mit den Religionen wird zwar gefordert - aber nicht begonnen.

Ritus

Der ursprüngliche Sinn der Beschneidung kann, da er in prähistorischer Vergangenheit liegt, nur spekulativ erfasst werden. Die verschiedenen Aspekte hierzu sollen nur der Information halber gestreift werden. Für die aktuelle Debatte zählt allein die religiöse Dimension.

Vermutlich handelte es sich ursprünglich bei der Beschneidung um einen Initiationsritus. Der Junge wurde durch die Schmerzerfahrung zum Mann. Ne-

---

45 Menschen bei Maischberger vom 14.08.12:
https://www.youtube.com/watch?v=mMHVfwQHSgk

ben dem Pubertätsalter weisen sowohl das vergossene Blut, als auch das der Fortpflanzung dienende Zielorgan auf eine Symbolik der Fruchtbarkeit hin.

Bezüglich der ägyptischen Quellen gibt es sehr unterschiedliche Interpretationen: Einerseits wird die Beschneidung als möglicherweise (auch) der Reinlichkeit dienenden Privileg des Adels verstanden[46], der dann die anderen Schichten erreichte, andererseits sollen dadurch die Sklaven gekennzeichnet worden sein[47].

Es wird vermutet, dass die von den Juden übernommene Beschneidung als Minimalform des in der Frühbronzezeit bekannten Kindsopfers - und damit als Fortschritt im Vergleich zu den vorherigen Kulturen - betrachtet werden kann.

In den wasserarmen Wüsten der beschneidenden Völker gewinnt der Ritus seinen medizinischen Wert in der Erhaltung der Zeugungsfähigkeit und der einfacheren Hygiene - auch wenn dieser Aspekt in neueren Auslegungen angezweifelt wird.

Judentum   "Das soll das Zeichen des Bundes sein ..." (Gen 17,11)

Religiöse Grundlage der Beschneidung bei den Juden ist das alte Testament. Der Bund zwischen Abraham und Jahwe wird durch die Beschneidung besiegelt und gekennzeichnet. Es ist wichtig diese grundlegend identitätsstiftende Handlung nicht nur

---

46 Gollaher: Das verletzte Geschlecht, S. 14 ff.
47 http://de.wikipedia.org/wiki/Zirkumzision#cite_note-Frisch11-114

einer Religion, sondern eines Volkes zu verstehen, welches auch wegen seiner Beschneidungspraxis seit Tausenden von Jahren immer wieder verfolgt und verjagt wurde. Das aktuelle Gerichtsurteil ist bei weitem nicht die erste Einschränkung dieser jüdischen Praxis. Die Römer (Kaiser Hadrian, Antiochus) untersagten den Juden die Beschneidung zeitweilig ebenso wie die Sowjetrussen unter Stalin. Der Geschichte der Brit Mila und ihre historisch/biblische Entwicklung von der Frühzeit bis in die jüdische Moderne wird ausführlich von Antje Yael Deusel dargelegt.[48] Bei näherer Betrachtung der jüdischen Beschneidungsgeschichte wird sofort offensichtlich, dass die Brit Mila seit ihrem Ursprung Gegenstand einer jahrhundertelangen religionsrechtgelehrten Auslegung, Interpretation, Verfeinerung und auch Diskussion war [49] - was ihre enorme Bedeutung unterstreicht. Die Diskussion um medizinischen Wert, möglichen Verzicht oder Modifikation des Rituals erreichten im Reformjudentum Mitte des vorvergangenen Jahrhunderts einen neuen Höhenpunkt und sind bis heute virulent. Es ist demnach nicht so, dass sich die Juden nicht mit ihrem Ritual reflektiert und kritisch auseinandersetzten und in seiner gedankenlosen Fortführung schlicht verga-

---

48 Antje Yael Deusel: Mein Bund, den ihr bewahren sollt. Herder 2012

49 Gerne erwähnt (vgl. Deusel u. Gollaher) wird auch der Versuch jüdischer junger Männer in den Zeiten des Hellinismus die Beschneidung rückgängig zu machen. Zu Zeiten der antiken olympischen Spiele, bei denen die Sportler nackt waren, versuchten jüdische Sportler das bei den Griechen inakzeptable Sichtbarwerden der Eichel durch Dehntechniken zu vermeiden (Epispasmus). Das hatte eine Verschärfung der Beschneidungstechnik zur Folge (Periah), die dies unmöglich machte.

ßen sich einer archaischen Tradition in der Moderne zu entledigen. Wer dergestalt argumentiert, disqualifiziert sich als den Dialog suchender Gesprächspartner, welcher immer auch die sichere Kenntnis des Gegenübers voraussetzt.

Im Gegensatz zum Islam ist die jüdische Beschneidung erstens eindeutig schriftlich in der Bibel, und zweitens auf den 8. Tag festgelegt. So besteht aus religiöser Sicht kaum Handlungsspielraum und eine säkulare externe (juristische) Unterbindung dieses essentiellen Rituals kann jüdischerseits nur als massiver Eingriff in die Religionsfreiheit verstanden werden. Das einzufordern, nachdem Deutsche den Juden vor knapp 75 Jahren sukzessive nahezu alle Rechte bis hin zum Recht auf Leben genommen haben, bleibt ohne jede internationale Referenz fragwürdig. Selbst einer juristisch sauberen Argumentation haftet der Antisemitismus an - auch wenn er nicht beabsichtigt ist. Nicht umsonst hat Putzke diese Schwierigkeit vorausgesehen und den Mut des Kölner Gerichtes gelobt, sich diesem zwangsläufigen Verdacht zu widersetzen.[50] Kann man den Schmerz und den postulierten Schaden des jüdischen Neugeborenen als deutscher Außenstehender mit dem jüdischen Selbstverständnis aufwiegen, zumal keiner der Betroffenen sich als Opfer betrachtet? Soweit es die Debatte erkennen lässt, handelt es sich bei den Gegnern der Beschneidung weniger um Mut, als um Ignoranz, historische Amnesie oder mangelndes Einfühlungsvermögen. Das Kindeswohl läuft damit Gefahr instrumentalisiert zu werden für ein deutsches Prinzip. Kanzlerin Merkel

---

50 www.lto.de/recht/hintergruende/h/wegweisendes-urteil-religioese-beschneidungen-von-jungen-verboten/

subsummierte das unter ihrem berüchtigten Ausspruch: "Wir machen uns ja sonst zur Komikernati-
on".[51] Der Rechtsphilosoph Reinhard Merkel, Mitglied
im Ethikrat, sprach sich gegen die Erlaubnis der rituellen Beschneidung aus, konstatierte aber, dass es einen
"rechtspolitischen Notstand" gebe, welcher die Erlaubnis eines "Sonderrechtes" rechtfertige, weil es
eine "weltweit singuläre Pflicht gegenüber allen jüdischen Belangen" gebe.

Bereits im Rahmen der 2008 in Berlin-Neukölln
in kleinem Kreis durchgeführten Veranstaltung unter
Mitwirkung von Ärzten, Juristen, Muslimen, und Juden
fiel seitens einer Zuhörerin der Begriff Holocaust.

Ausgesprochen oder nur mitgedacht, der reflex-
artige Verweis auf die deutsche Vergangenheit prägt
die Auseinandersetzung mit den jüdischen Mitbürgern
in dieser Frage. Während radikalere Stimmen den
Versuch erkennen wollen, den Holocaust zu verarbei-
ten indem man die ehemaligen Opfern nun zu Tätern
mache[52], begreift Bodenheim eine allein auf die spezifisch jüdisch-deutsche Vergangenheit gründende (gesetzgeberisch abgesicherte) Toleranz als Rückfall in
ein "Schutzjudentum der Vormoderne".[53]

Die Debatte ist auf Seiten der jüdischen Repräsentanten von harschen Tönen geprägt. "Jüdisches
Leben werde in Deutschland unmöglich gemacht" war

---

51 Dies habe sie laut Zeugen im CDU-Bundevorstand geäußert:
http://www.ftd.de/politik/deutschland/:aeusserungen-im-cdu-
vorstand-beschneidungsurteil-aergert-merkel/70063932.html
52 Christian Bommarius: "Aus der Sickergrube": Frankfurter
Rundschau vom 30.09.12; http://www.fr-
online.de/meinung/beschneidungsdebatte-aus-der-
sickergrube,1472602,19917040.html
53 Bodenheimer: Haut ab, S. 47

eine der ersten Äußerungen Dieter Graumanns, des Vorsitzenden des jüdischen Zentralrates. Charlotte Knobloch, ehemalige Präsidentin des Zentralrates, ergänzte in einem empörten Beitrag in der SZ vom 25.09.12:

Sechzig Jahre lang habe ich als Überlebende der Schoah Deutschland verteidigt. Jetzt frage ich mich, ob das richtig war. Besserwisser schwadronieren beim Thema Beschneidung ungehemmt über "Kinderquälerei" und "Traumata". Damit schaffen sie nur eines: Die verschwindend kleine jüdische Existenz in Deutschland infrage zu stellen.

Prof. Wolffsohn und Bundestagspräsident Lammert bemühten sich in der Welt und der SZ um vorsichtige Relativierung.[54] Der deutschhistorische Bezug löst mittlerweile auch bei Bürgern, die nicht aus der rechten Ecke stammen, Störgefühle aus. Pädiater Kupferschmidt verwies explizit, dass der Holocaust in der Frage, ob ein jüdisches Ritual gegen Menschenrecht verstoße, keine Rolle spielen dürfe.[55] Nicht das Urteil, sondern diese Form der Diskussion löst jedoch bei den Juden Enttäuschung und Verbitterung aus. Im Kielwasser des Kölner Urteils ging ein hessischer Arzt so weit und stellte Strafanzeige gegen einen jüdischen Mohel. Die Staatsanwaltschaft Hof äußerte sich zurückhaltend und hat bereits angedeutet, dass es dauern werde, bis entschieden wird, ob es zu einem Ermittlungs- und Strafverfahren kommen werde. Die weltweite jüdische Aufmerksamkeit ist uns nun sicher. Eine davon abgekoppelte rein juristi-

---

54 Norbert Lammert: Ihr seid wir. SZ 25.09.12
55 http://www.aerzteblatt.de/archiv/128379/Pro-Kontra-Religioese-Beschneidungen?src=search

sche Abwägung ist mittlerweile schlechterdings unmöglich, will der deutsche Staat sich international nicht ins Abseits rücken. Es wird kaum einen Repräsentanten geben, der uns abnimmt, wir hätten in dieser Frage ausschließlich an die Kinder gedacht.[56]

Die jüdische Zeitung vom August diskutiert diesen Aspekt sehr ausführlich und mit einem sensiblen historischen Bezug. Keiner glaubt an einen Kampf um das Kindeswohl, welcher dann auch ganz andere Bereiche umfassen müsste; das Urteil ergebe nun die Gelegenheit unverblümt "dem Juden" und "dem Moslem" das sagen zu können, was man ihm schon immer sagen wollte, was aber politisch nicht korrekt war. Jetzt könne der Deutsche die Maske fallen lassen.[57] Für Bühl ist das "säkularer, postmoderner Antisemitismus".

Nachdenklicher gibt sich Dr. H. Rheinz. Sie diskutiert das Urteil vor dem Hintergrund eines Jahrzehnte geführten innerjüdischen Diskurses, ob nicht die Brit Mila (Beschneidung am 8. Tag) durch eine Brit Schalom (symbolisches Ritzen der Penishaut) ersetzt werden könnte.[58] Sie sieht die verunsicherten jüdischen Eltern nun zwischen den Diktionen einer "barbari-

---

56 so z.B. der US-amerikanischen Anwalt Alan Dershowitz: „Niemand sollte eine Nation, die Millionen jüdische Babys und Kinder ermordet hat, dafür loben, dass sie Krokodilstränen über das Schicksal eines armen kleinen Buben vergießt, der in der Ausübung einer jahrtausendealten Tradition eine Woche nach der Geburt beschnitten wird. Jeder gute Mensch muss Deutschland dafür verdammen, denn das, was den tatsächlichen Kern der Bemühungen, die Beschneidung zu verbieten, ausmacht, ist nichts anderes als der gute alte Antisemitismus."
57 Achim Bühl: Antisemitismus von Beschneidungsverboten in Jüdische Zeitung August 2012
58 Hanna Rheinz: Trauma und Dilemma; ebda

schen Praxis" und dem "Ende des Judentums in Deutschland". Rheinz hätte sich auch von ihren Repräsentanten mehr Zurückhaltung gewünscht.

Einer der prominentesten deutschen Juden, die die Bedeutung der Beschneidung für das Jüdischsein relativieren, ist Michael Wolffsohn[59], Historiker. In der Welt (28.08.12) stellte er die These auf, dass die Beschneidung bereits in der Bibel eher symbolisch gedacht war (z.B. "Ihr sollt die Vorhaut an eurem Herzen beschneiden und nicht länger halsstarrig sein" 5. Mose 10,16) und der Ritus erst durch sein Verbot durch Kaiser Hadrian 130 n. Chr. zementiert wurde.

Dieser Auslegung des Nichttheologen Wolffsohn, der zu provokativen Thesen neigt, dürfte jedoch von den wenigsten Juden gefolgt werden. Immerhin ist es bemerkenswert, dass er, der zu anderen Gelegenheit rasch die Antisemitismuskeule schwang, sie hier stecken lässt, und sich gegen die Mehrheit seiner Glaubensgeschwister stellt.

Die deutlich fundiertere Quellenanalyse von Gollaher unter Einbeziehung von reichlich Sekundärliteratur unterstreicht dagegen die allgemeine Auffassung der Beschneidung als konstitutives Merkmal des Bundes. Er schreibt: "Die Beschneidung ist eine wesentliche Metapher für die Unterwerfung unter den göttlichen Willen..." .[60] P. Sonntag plädoyiert (in der jüdischen Zeitung) ebenfalls für eine mehr symbolische Auslegung des jüdischen Brauchtums im Sinne einer Annäherung der Religionen und einer höhergradigen

---

59 Michael Wolffsohn: Nicht die Beschneidung macht den Juden; Welt v. 28.08.12:
http://www.welt.de/debatte/article108845278/Nicht-die-Beschneidung-macht-den-Juden.html
60 Gollaher: Das verletzte Geschlecht; S. 25

Konkordanz mit den Menschenrechten. Er verwehrt sich jedoch gegen die "fortschrittliche Belehrung" von Menschen außerhalb des Judentums[61].

Der innerjüdische Diskurs ist aus Sicht derer, die wirklich etwas verändern wollen, eine vielversprechende, zarte Pflanze. Sie droht derzeit durch eine unerträgliche Diskussionskultur - v.a. in Deutschland- zertrampelt zu werden.

Auf der anderen Seite gibt gerade die jüdische Komponente der Debatte der Politik den Handlungsrahmen vor. Nicht nur verpflichtet die deutsche Geschichte zur Wiederherstellung der Legitimierung jüdischer Bräuche, auch der Brauch selbst lässt durch seine Festlegungen nur wenig Spielraum zu. Ein Mohel sollte am achten Tag die Brit Mila durchführen.

An dieser Stelle sei auf den hervorragenden Aufsatz Bodenheimers "Haut ab" verwiesen, aus dem mehrfach zitiert wurde. Bodenheimer bekümmert die "jüdische Sprachlosigkeit" und streitet um ein "Recht auf Differenz" einer religiösen Minderheit, die sich endlich in der "europäischen jüdisch-christlichen Tradition" angekommen und integriert wähnte.

Der Umstand, dass die Juden sich in besonderer Weise angegriffen fühlen, spricht aber jenseits aller weiterer Deutungen dafür, dass jüdisches Leben bis zum Mai fest in das deutsche Leben integriert war - um so drastischer wirkt die aktuelle Zurückweisung. Daran wird im Gegenzug die noch insuffiziente Integration der Muslime erkennbar, die sich deutlich weniger ausgegrenzt fühlen, weil sie sich in viel geringerem Maße als Teil der deutschen Gesellschaft fühlen.

---

61 Philipp Sonntag: Historische Heilung der gesellschaftlichen Beschneidung; Jüdische Zeitung August 2012

Konsequenterweise partizipieren sie auch weniger an der gesellschaftlichen Auseinandersetzung.

Islam

Der Koran erwähnt die Beschneidung nicht. Gleichwohl soll Mohammed als perfekter Mensch keine oder nur eine sehr kurze Vorhaut gehabt haben (Es gibt auch Überlieferungen nach denen er am siebten Lebenstag beschnitten worden sein soll). In den Hadithen sind Weisungen von ihm überliefert, die die Beschneidung als wesentliches Element der Körperhygiene beschreiben und empfehlen. So sei als sie Teil der Fitra neben dem Rasieren des Schamhaars, dem Schneiden des Bartes, der Nägel und dem Entfernen der Achselhaare ein Maß der körperlichen Reinheit, in der die geistige und körperliche Gesundheit des Mannes zum Ausdruck kommt.[62] Der Gang nach Mekka (die Hadsch) ist unbeschnitten nicht gültig. Somit gilt die Beschneidung als Vorschrift mit Gebotsrang (Sunna). Der unbeschnittene Penis gilt als unsauber. Türkische Mädchen können sich nicht vorstellen, einen unbeschnittenen Mann zu heiraten. Erst die Beschneidung macht den Jungen zum Mann und in der türkisch-muslimischen Gemeinde zum vollwertigen Mitglied der Umma.[63]

---

[62] M. An-Asimi, The Medicine of the Prophet and Modern Science (1977); M. Ad-Duqr/M. Al-Quwatli, Circumcision and Medicine in Islam, in: Civilisstion of Islam 14 (1983), S. 7, zitiert nach Gollaher, Das verletzte Geschlecht, 2002.
[63] Necla Kelek: die verlorenen Söhne

Streng genommen liegt demnach im Islam mit der Beschneidung kein religiös bindender Ritus, sondern eine dem frommen Leben zuträgliche und verbindliche Empfehlung vor. Die Frage ob die Beschneidung religiöse Pflicht oder eine religiöse Empfehlung darstellt, wird im Islam je nach Rechtsschule diskutiert und ist nicht abschließend geklärt. Auch eine Altersempfehlung gibt die Sunna nicht. Somit unterscheiden sich die Umstände der Beschneidung je nach Volksgruppe und kultureller Tradition. Kleinster gemeinsamer Nenner scheint die Durchführung des Eingriffes vor der Pubertät zu sein. Auch die Umstände der Durchführung, ob im kleinen Kreis oder im Rahmen einer großen mehrere Hundert Leute umfassenden Familienfeier, unterscheidet sich innerhalb des Islam sowohl nach Volksgruppen als auch nach regional traditionellen Unterschieden in vielfältiger Weise. Gollaher vertritt die Auffassung, dass das Ritual der Beschneidung zum Teil bereits in den vorislamischen Stammeskulturen verbreitet war und die Integration des Ritus durch den Islam seine Verbreitung zumindest erleichtert habe.[64] Ob die Beschneidung ein "entscheidendes Symbol eines .. religiösen Imperialismus" darstellt[65], ist hingegen diskussionswürdig. Laut Gollaher seien in der Vergangenheit innerislamische Zweifel an der Beschneidung in unterschiedlicher Vehemnez bis hin zum Aufruf zur Verhängung der Fatwa bekämpft worden.[66]

---

64 Gollaher: Das verletzte Geschlecht; Aufbau 2002, S. 73.
65 Naipaul, VA; Beyond Belief: Islamic Excursions Among the Converted Peoples (1998), zitiert nach Gollaher, S. 72
66 Abu-Salieh: To mutilate in the Name of Jehova or Allah, zitiert nach Gollaher, S. 77-78.

Entgegen anderslautenden Äußerungen Keleks (bei Maischberger[67]) wurde die deutsche Beschneidungsdebatte in der Türkei durchaus beobachtet und kommentiert. Neben Schlachtrufen wie "Das ist Nazi-Stil" oder "Attacke auf den Islam" seitens der religiösen Presseorgane sind die übrigen Zeitungen zurückhaltender. Es wird aber festgestellt, dass die Sorge um das jüdische Leben den deutschen Politikern, namentlich Kanzlerin Merkel, eher am Herzen liege. Liberalere Zeitungen wie Hürriyet, Milliyet oder Radikal druckten auch kritische Stimmen aus Deutschland und den USA ab (FR 23.07.12[68]). Zumindest im Internet werde nun auch in der Türkei erstmals die Frage nach den Kinderrechten diskutiert (Tagesspiegel 29.06.12[69]).

Die in Deutschland lebenden Türken lehnten das Urteil gemäß einer repräsentierten Umfrage zu 97% ab, so das Internetorgan MiGAZIN am 17.07.12[70]. Die Türken stünden zu ihrer religiösen und traditionellen Verwurzelung.

Ali Bas, Mitglied des AK Grüne Muslime NRW, hält Necla Kelek für die Urheberin des "Shitstorms" und kommentierte in demselben Organ: "Die aktuelle Diskussion zeigt, dass vor allem große Teile der Mehrheitsgesellschaft ein Problem mit etwas haben,

---

67 Menschen bei Maischberger, ARD: 15.08.12

68 http://www.fr-online.de/meinung/beschneidung-die-beschneidungsdebatte-aus-tuerkischer-sicht,1472602,16678272.html; zuletzt 30.12.12

69 http://www.tagesspiegel.de/politik/beschneidungs-verbot-empoerung-aber-auch-verstaendnis-aus-der-tuerkei/6811020.html; zuletzt 30.12.12

70 http://www.migazin.de/2012/07/17/turken-halten-beschneidungsurteil-fur-falsch; zuletzt 30.12.12

was in der betroffenen Minderheit nicht als solches betrachtet wird."

Memet Kilic, grünes MdB aus Pforzheim, ist einer der wenig Türkischstämmigen, der das Urteil sehr differenziert aufnehmen. Er stellte eine Kollision der Grundrechte fest und plädierte daher für mehr Zeit für die Diskussion, bevor im Schnellschuss ein Gesetz verabschiedet werde.[71]

Parallel zum Vorwurf des Antisemitismus aus der jüdischen Gemeinde, ging die Kritik religiöser und politischer türkischer Repräsentanten in Richtung "Ausgrenzung und Diskriminierung" (Türkisch-Islamische Union: Ditib). Es zeige sich ein "windschiefes" Verhältnis von Religions- und Gewissensfreiheit (EU-Minister Egemen Bagis). In einem Gastbeitrag für die SZ am 28.08.12 übte er heftige Kritik an der Einschränkung des Grund- und Menschenrechts der Religionsfreiheit durch das Urteil. Die "absurde Rechtsprechung" durch einen "anmaßenden Richter" zeuge von "kultureller und historischer Ignoranz".[72] Das Kölner Urteil wurde politisiert und als Ausgrenzung und Beförderung der Islamophobie interpretiert. Eine vertiefende inhaltliche Auseinandersetzung fand nicht statt, da auf einer sehr frühen Ebene Sekundärintentionen gemutmaßt wurden, für die es zwar in der gesellschaftlichen Debatte, nicht jedoch in der Rechtsauslegung des Urteils Hinweise gab. Der Religionssoziologe Pollack sprach gegenüber der Tagesschau am 28.09.12 von einer Neigung zum "Empö-

---

71 Im Interview mit dem Deutschlandfunk am 30.06.12
72 http://www.sueddeutsche.de/politik/debatte-um-beschneidung-keine-kompromisse-bei-der-religionsfreiheit-1.1451767; zuletzt 30.12.12

rungsdiskurs".[73] Die isolierte fundamentalreligiöse Perspektive entspricht einerseits nicht der tatsächlich gelebten Wirklichkeit aller Gläubigen, die eher aus einem sozialen als aus einem religiösen Kontext heraus den Ritus tradieren, und bestätigt damit andererseits die Vorbehalte der Beschneidungskritik, die sich von importierten Ritualen unter dem Mantel der Religionsfreiheit nicht die Verfassung verbiegen lassen möchte.

Die Initiative einer Auseinandersetzung mit der Beschneidungspraxis aus den Reihen aufgeklärter Muslime wäre sicher im Hinblick auf die gesellschafts-politische Relevanz konstruktiver. Die in Europa lebenden Muslime sind zwangsläufig permanent dazu aufgefordert ihr religiöses System zu hinterfragen. Im Gegensatz zu unserer Aufklärung, wird in diesem Fall viel Druck von außen ausgeübt, was für die eigene, persönliche oder auch innerislami-sche Auseinandersetzung nicht immer förderlich – wenngleich nicht zu umgehen ist. Es gibt gute und wichtige Bereiche in unserem Wertesystem, die es aus abendländischer Sicht zu verteidigen gilt. Die kulturell-religiöse Beschneidung gehört fraglos früher oder später auf den Prüfstand einer aufgeklär-ten und v.a. unaufgeregten moralisch/ethischen De-batte im Dialog mit den Muslimen. In diesem Sinne ist der juristische Ansatz mit der notwendigen Folge einer gesetzlichen Regelung absehbar wenig konstruk-tiv gewesen.

---

73 http://www.tagesschau.de/inland/beschneidung152.html

Körperverletzung

Jeder Eingriff in die körperliche Unversehrtheit stellt nach deutschem Recht eine Körperverletzung dar. In diesem Punkt gibt es keinerlei Unklarheit. Körperverletzungen sind demzufolge sowohl ein aus medizinischen Gründen nötiger Eingriff (eine Operation, eine Blutentnahme oder eine Impfung) als auch das Stechen von Ohrlöchern oder eine Tätowierung. Gibt der einwilligungsfähige Mensch nach entsprechender Aufklärung sein Einverständnis, so erlischt die prinzipielle Strafbarkeit der (weiter bestehenden) Körperverletzung.

Die Frage ab wann und in welchen Fällen eine Einwilligungsfähigkeit vor dem Erreichen der Volljährigkeit gegeben ist, ist immer wieder Gegenstand medizinjuristischer Aufsätze und Auseinandersetzungen. Vor der Pubertät kann prinzipiell die Einwilligung in die Körperverletzung nur durch die Erziehungsberechtigten erfolgen. Aber auch dieses stellvertretend ausgeübte Elternrecht ist juristisch nur gültig, wenn es dem Kindeswohl dient.

Nach § 223 Absatz 1 StGB liege laut Putzke und Herzbertg im Falle der medizinisch nicht begründeten rituellen Beschneidung der Tatbestand einer strafbaren Körperverletzung vor, da nach § 1627 Satz 1 BGB die Einwilligung der Eltern (Personenfürsorge) das Wohl des Kindes voraussetze und in diesem Fall unwirksam sei. Jedoch: "Letztlich läuft alles auf eine Güterabwägung hinaus" schreibt Putzke[74] und in genau diesem neuralgischen Punkt ist seine Argumentationskette interpretationsfähig. Es wird im Folgenden zwar sehr sorgfältig begründet, warum eine Handlung im Sinne des Kindeswohls nicht vorliegt, über die vorgelegten Gründe herrscht jedoch weder wissenschaftlicher noch gesellschaftlicher Konsens. So ist die Frage des medizinischen Nutzens, bzw. gesundheitlichen Schadens der Beschneidung unverändert umstritten, wie oben näher ausgeführt wurde. Letztlich lässt sich die Frage des Kindeswohls unter Berücksichtigung der Sichtweise der betroffenen Glaubensgemeinschaften eben nicht eindeutig klären. Diese Berücksichtigung findet nur oberflächlich statt. Eine Verschiebung des Eingriffes in ein höheres Alter mag rational leicht möglich erscheinen, stellt jedoch für die Religionen einen massiven Eingriff in ihr Selbstverständnis und ihre Vorstellung von freier Religionsausübung dar. Steht die Frage des Kindeswohles einmal zur Disposition, so greift auch der Verweis auf Aufhebung des Elternrechtes auf weitgehend selbstbestimmte Erziehung nicht mehr, der angeführt wird.

Kindeswohl

Ein ganz wesentlicher Aspekt der juristischen Diskussion um die Frage der strafrechtlichen Relevanz ist somit die Frage nach dem Kindeswohl. Hier scheiden sich die Geister. Weil das Vorliegen einer medizinische Indikation unbestritten als im Sinne des Kindes klassifiziert wird, führen die Befürworter einer

---

74 www.aerzteblatt.de/archiv/61273

Beschneidung - auch aus religiösen Gründen - gerade den medizinischen Nutzen ins Feld, während die Beschneidungsgegner den medizinischen Nutzen anzweifeln, als unverhältnismäßig klassifizieren oder sogar einen Schaden feststellen. Tatsache ist in jedem Fall, dass sowohl medizinischer Nutzen, als auch möglicher Schaden der Beschneidung Gegenstand einer jahrelangen medizinischen Diskussion sind. Es gibt bis heute keinen klaren objektiven Standpunkt in dieser Frage, was auch an der Form der selbst in Fachkreisen oft polemischen und unsachlichen Diskussion liegt. Die Klärung ist aber, wie weiter oben bereits gezeigt wurde, ganz wesentlich für die weitere juristische Auslegung, da das Kindeswohl die Personenfürsorge und damit die elterliche Einwilligung in diesem Punkt rechtfertigt.

Vorläufig kann festgehalten werden, dass dem Kind in jedem Fall ein unnötiges Trauma zugefügt wird, wenn es unter unzureichenden Bedingungen beschnitten wird.

Kleine Kinder würden unmittelbar, wenn sie könnten, wohl jede Form von Schmerz ablehnen. Das gilt jedoch für jeden operativen Eingriff bis hin zur Impfung. Gerade bei der Impfung kann aber davon ausgegangen werden, dass das einsichtsfähige Kind im Nachhinein dem Eingriff in seine körperliche Unversehrtheit in der Regel zustimmen wird. Für die Beschneidung ist das unklar. Für den überzeugten erwachsenen Juden oder Moslem ist es sicher eher eine Erleichterung, die für ihn als zwingend notwendig erachtete Beschneidung bereits als Kind hinter sich gebracht zu haben. Die überwiegende Mehrheit der religiös beschnittenen Männer wird daher im Nachhinein das Vorgehen der Eltern als zu ihrem Wohle erfolgt auffassen.

Im angloamerikanischen Raum gibt es eine größer werdende Gruppe als Babys Beschnittener, die im Nachhinein diesen Eingriff nicht nur als nicht in ihrem Sinne, sondern sogar als ausdrücklichen Schaden erklären. Auf den Erfahrungen dieser Gruppe basieren die meisten die Beschneidung kritisch beurteilenden Studien.

Es besteht aber ein Unterschied zwischen einer heute rational kaum noch zu rechtfertigenden spezifisch us-amerikanischen Tradition und einem religiösen Ritus. Solange keine größer Gruppe aus den Reihen der ehemals aus religiösen Motiven heraus beschnittener Männer sich im Nachhinein im Kindeswohl verletzt sieht, ist zunächst davon aus zu gehen, dass das Gegenteil die Regel ist. Allerdings sind die Aussagen aus türkischen Kreisen ernst zu nehmen, die nachvollziehbar darlegen, dass es sich hier - zumindest innerhalb der türkischen Gesellschaft- um ein Tabuthema handelt.

Die Bereitschaft, mit der beschnittene Männer auch ihre Söhne beschneiden lassen, als Argument für die eigene Akzeptanz des Beschnittenseins heran zu ziehen, ist problematisch. Sozialer Druck und psychologische Faktoren können als Motive nicht ausgeschlossen werden.[75] Putzke hat in seinen Aufsätzen, denen das Kölner Gericht in der Argumentationslinie im Wesentlichen gefolgt ist, auch den Aspekt der sozialen Identität in seiner Relevanz für das Kindeswohl dem Recht auf Unversehrtheit untergeordnet.

---

75 Dies rechtfertigt jedoch nicht das Postulat, die Mehrheit der Beschnittenen seien Psychopathen (s.o.).

Herzberg, der hier eine Schwäche in Putzkes Argumentationslinie ausmachte, wies demgegenüber nach, dass "Entscheidungen der elterlichen Sorge, welche die Religion des Kindes betreffen und von den Grundrechten der Art. 6 Abs. 2 Satz 1 und Art. 4 Abs 2, 3 des Grundgesetzes gedeckt sind, also den Eltern freistehen, von Rechts wegen als kindeswohlneutral zu betrachten sind.[76]

Prof. Hennig, Richter am Bundesgerichtshof in Karlsruhe, äußerte im Rechtsausschuss des Bundestages im Rahmen der Beratung zum am 12.12.12 verabschiedeten Gesetz: „Die Befugnis, eine Einwilligung in die Beeinträchtigung der körperlichen Unversehrtheit von Minderjährigen zu erteilen, steht grundsätzlich den sorgeberechtigten Eltern zu",. Eine Einschränkung von staatlicher Seite dürfe nur dann erfolgen, wenn eine klare Kindeswohlgefährdung vorliege. Angesichts der geringen Komplikationsrisiken nach einer Beschneidung sei dies jedoch nicht der Fall.[77]

Die ganz wesentliche Frage des (mutmaßlichen) Kindeswohles ist bis heute weder juristisch, noch medizinisch, noch entwicklungspsychologisch eindeutig zu beantworten.

Es wurde zu Recht darauf hingewiesen, dass eine prinzipielle Entscheidung gegen die nicht medizinische Beschneidung konsequenterweise auch andere körperverletzende Eingriffe (etwa aus kosmetischen oder "psychosozialen" Gründen) einbeziehen müsste.

---

76 Herzberg, Rolf Dietrich: Rechtliche Probleme der rituellen Beschneidung, in: Juristenzeitung (JZ) 2009, S. 332–339
77 zitiert nach Deutsches Ärzteblatt 49/12:
http://www.aerzteblatt.de/archiv/133328?s=kindeswohl

Die Frage nach dem Kindeswohl emotionalisiert den Streit um die Vorhaut. Eltern lassen sich grundsätzlich kaum den Vorwurf gefallen, sie handelten wider das Wohl ihres Kindes. Und das ist gut so. Hier wird ihnen eine traumatisierende, barabarische Körperverletzung mit psychologischen Langzeitfolgen vorgeworfen, während sie der festen Überzeugung sind und waren, sie handelten im Sinne der Religion zum Besten ihres Kindes. Es wird ein ungeheuerlicher Druck aufgebaut, der in der unausgesprochenen Drohung gipfelt: Wenn ihr so etwas macht, gehört ihr nicht (mehr?) zu unserer aufgeklärten, die Kinderrechte achteten Gemeinschaft.

Für gläubige Muslime und Juden liegt die Beschneidung bislang eindeutig im Kindeswohl. Auch wenn dieser Gedanke dem abendländischen (juristischen) Verständnis widersprechen mag, so ist er in einem echten Dialog zunächst zu berücksichtigen. Soll das Ziel in einer Modifikation gelebter Religiosität liegen, so kann die Gesprächsebene nicht isoliert auf säkularen Voraussetzungen und Vorannahmen liegen, sondern muss das religiöse Element implizieren. Andernfalls werden - und das zeigt unsere Geschichte der Aufklärung in der christlichen Kultur nachdrücklich - Veränderungen nicht möglich sein, sondern - und das zeigt die derzeitige Debatte - das Verhältnis zwischen der rechtsstaatlich säkularen Auffassung und der religiösen Sichtweise sich lediglich unvereinbar verhärten.

Ein sehr sensibler Bereich ist das Thema der Kinderrechte, welches im Fall der Beschneidung mit dem Elternrecht kollidiert.

Dem Grundrecht auf körperliche Unversehrtheit, steht das Elternrecht mit dem Grundrecht der Religionsfreiheit gegenüber. Über diesen Konflikt der Grundrechte wird unter Juristen heftig gestritten, wobei Putzke und Herzberg darauf verweisen, dass das Problem angesichts der nachgewiesenen Gültigkeit und Anwendbarkeit der Strafgesetzgebung bereits auf einer Ebene unterhalb der Verfassung gelöst sei. Dies hat sich mit der Verabschiedung des Gesetzes zur Aufhebung der Strafbarkeit aber geändert. Eine zukünftige verfassungsrechtliche Bewertung erscheint unwahrscheinlich. In dem Bemühen innerhalb der parlamentarischen Debatte zu einer fundierten Einschätzung zu gelangen, führten die Parteien des Bundestages Sachverständigenanhörungen durch, in denen auch durchaus unterschiedliche Positionen in der Rechtsauffassung aufgestellt wurden:

Der Verfassungsrechtler Prof. Dr. Matthias Jestaedt, Universität Freiburg im Breisgau, leitete die Zulässigkeit der Beschneidung aus dem Elternrecht des Art. 6 GG her. Er hielt die Religionsfreiheit des Art. 4 GG nicht für einschlägig, um die Einwilligung der Eltern in eine tatbestandsmäßige Körperverletzung eines Dritten - des Kindes - zu rechtfertigen. Es müsse zentral auf das Grundrecht der Eltern auf Pflege und Erziehung ihres Kindes abgestellt werden. Das Elternrecht sei das einzige Drittbestimmungsrecht in der Verfassung. Das staatliche Wächteramt greife erst bei Kindeswohlgefährdung. Für die Ein-

willigung in die Beschneidung nicht einwilligungsfähiger Jungen sei bei fachgerechter Schmerzlinderung und Ausführung kein Ansatz für eine Kindeswohlbeeinträchtigung erkennbar.[78]

Eine weitere juristische Gegenposition legt dar, dass die Verfassung keinen "Schutz vor Religion" (negative Religionsfreiheit) vorsieht, so wie es die Radikalsäkularisten gerne sähen[79]. Dann wäre die religiöse Erziehung der Kinder durch die Eltern grundsätzlich zu verbieten, wir hätten totalitäre platonische Verhältnisse. Wer dies möchte, soll dies so sagen. Des Weiteren sei "*die Fortentwicklung des Rechts aufgrund geänderter Anschauungen ist, soweit sie strafbegründend sein soll, dem Gesetzgeber, nicht den Gerichten anvertraut*".

Schließlich wird in vielen Texten bezüglich der Kinderrechte gerne auf die sogenannten UN Kinderrechtskonventionen (auch genannt Übereinkommen über die Rechte des Kindes ÜRK) verwiesen:

Artikel 24 Abs. (3) lautet:*(3) Die Vertragsstaaten treffen alle wirksamen und geeigneten Maßnahmen, um überlieferte Bräuche, die für die Gesundheit der Kinder schädlich sind, abzuschaffen.*[80]

---

78 http://www.gruene-bundestag.de/themen/religion/beschneidung-von-jungen_ID_4385725.html
79 http://blog.delegibus.com/2012/07/01/die-idee-mit-dem-beschneidungsverbot/
80 Material Deutschland: Bekanntmachung über das Inkrafttreten des Übereinkommens über die Rechte des Kindes. Vom 10. Juli 1992 (BGBl. II S. 990): "Nach Artikel 2 Abs. 2 des Gesetzes vom

Allerdings weist selbst Herzberg daraufhin, dass einerseits hier eine Wertung über die Frage der Schädigung der Gesundheit erfolgen müsse, die interpretationsfähig bleibe (Die Kinderrechtskonvention wurde von allen Staaten außer Somalia und den USA unterzeichnet. Es kann davon ausgegangen werden, dass die islamischen Länder eine Gesundheitsschädigung durch die männliche Beschneidung ausschließen). Außerdem verpflichte die ÜRK lediglich die Vertragsstaaten "Maßnahmen zu ergreifen" und verbiete nicht dem Einzelnen eine konkrete Handlung.[81]

In Artikel 14, der die Religionsfreiheit garantiert, wird aber das Elternrecht betont: »Die Vertragsstaaten achten die Rechte und Pflichten der Eltern (...), das Kind bei der

17. Februar 1992 zu dem Übereinkommen vom 20. November 1989 über die Rechte des Kindes (BGBl. II S. 121) wird bekannt gegeben, dass das Übereinkommen nach seinem Artikel 9 Abs. 2 für Deutschland am 5. April 1992 in Kraft getreten ist; die Ratifikationsurkunde ist am 6. März 1992 bei dem Generalsekretär der Vereinten Nationen hinterlegt worden.
Bei Hinterlegung der Ratifikationsurkunde hat Deutschland folgendes erklärt.
I. [...] Die Bundesrepublik Deutschland erklärt zugleich, dass das Übereinkommen innerstaatlich keine unmittelbare Anwendung findet. Es begründet völkerrechtliche Staatenverpflichtungen, die die Bundesrepublik Deutschland nach näherer Bestimmung ihres mit dem Übereinkommen übereinstimmenden innerstaatlichen Rechts erfüllt." (Zitiert nach: Broschüre des Bundesministeriums für Familie, Senioren, Frauen und Jugend "Übereinkommen über die Rechte des Kindes. UN-Kinderrechtskonvention im Wortlaut mit Materialien" vom Mai 2007, abrufbar (29.Mai 2012) auf der Website des Auswärtigen Amtes:
81 Herzberg, Rolf Dietrich: Rechtliche Probleme der rituellen Beschneidung, in: Juristenzeitung (JZ) 2009, S. 332–339

Ausübung dieses Rechts in einer seiner Entwicklung ent-
sprechenden Weise zu leiten.« Nach der Werteskala der
UN ließe sich ein Verbot der Beschneidung also schwerer
rechtfertigen als nach dem Grundgesetz. (Zeit Online
3.8.12)

Die Kinderrechte stellen sicherlich eins der modernsten Attribute des Zivilisationsprozesses der Menschheit dar. Sie gehen allerdings über das soziokulturelle Verständnis vieler Volksgruppen deutlich hinaus. So hat sich allen voran im den westlichen Industriegesellschaften die Auffassung von der Menschenwürde deutlich in Richtung des selbstbestimmten Individuums entwickelt. In vielen Ländern steht allerdings noch das Interesse des Staates, der Gruppe oder der Familie weit mehr im Vordergrund. Es muss festgestellt werden, dass die Betonung der Individualität in den westlichen Industrienationen zu einer Vereinzelung der Menschen und zu einem Rückgang traditioneller Familienstrukturen geführt hat. Ohne diese Entwicklung im einzelnen werten zu wollen, besteht jedoch kein Zweifel, dass auch dadurch Kinderrechte mit Elternrechten kollidieren können. Im Falle der Abtreibung etwa ist in den letzten Jahrzehnten das Recht der Frau gegenüber dem Lebensrecht des ungeborenen Kindes in einem jahrzehntelangen Diskussionsprozess gestärkt worden. Die gesellschaftliche und rechtliche Erleichterung der Ehescheidung steht dem Kinderrecht auf eine intakte Familie entgegen. Wir akzeptieren diese Entwicklung mehr oder weniger - wohlwissend, dass sie eher dem Wohl der Erwachsenen dienen als dem Kindeswohl.

Wenngleich die patriarchalischen Grundzüge der jüdischen und muslimischen Kultur ihrerseits fraglos aus säkularer Sicht zu überwindende Muster aufweisen, sollte demnach nicht vergessen werden, dass auch unsere aufgeklärten (post)modernen Muster nicht zwingend kinderfreundlicher sind.

Rolf Dietrich Herzberg

Rolf Dietrich Herzberg, der geistige Vater der juristischen Dimension des Themas, hat Putzke nach der Veröffentlichung seiner Aufsätze durch eigene Arbeiten, häufig als Replik auf Gegenmeinungen, ergänzt und verteidigt. In seinen wortreichen Texten schimmert im Gegensatz zu Putzke eine deutlich negativere Grundhaltung bezüglich des religiösen Rituals durch, die wiederkehrend auf das Buch "Die verlorenen Söhne" von Necla Kelek, welches Herzberg offenkundig tief beeindruckt hat, verweist.[82] Obwohl er in der juristischen Bewertung zu einer sachlichen Analyse zurückfindet, verfällt er dem häufigen Irrtum die Umstände der von Kelek geschilderten Beschneidung ohne Betäubung in der Türkei vor vielen Jahren als Maßgabe zu verwenden. So kann von "Verzweiflung, Vertrauensverlust, Verstümmelung und wochenlangen Schmerzen"[83] als Folge der Beschneidung unter medizinisch adäquaten Bedingungen keine Rede sein. Es ist schlicht falsch, dass die "muslimische Beschneidung ... fast immer mit seelischer Verletzung

---

82 Zitat laut Spiegel 30/2012: "Wenn man das Ritual als Maßnahme im wohlverstandenen Interesse der Kinder verstehe, sei das eine empathielose Bagatellisierung dessen, was man Kindern mit der Beschneidung antut"
83 ebda

verbunden" ist. Hier schießt Herzberg weit übers Ziel hinaus, es sei denn er verteidigte die Abschaffung des Eingriffes ohne adäquate Schmerztherapie. Auch die Behauptung zur "richtigen" Beschneidung "gehörten die Qualen" und eine Betäubung "entwerte das Ritual" entspricht bei Weitem nicht der ansonsten bis zur Spitzfindigkeit betriebenen Akkuratesse Herzbergs. Es sollte ihm nach der intensiven Auseinandersetzung mit dem Thema bekannt sein, dass der Islam die Beschneidung nicht als Initiationsritus, sondern als Akt der Reinlichkeit und der Nachfolge des Propheten versteht (s.o.). Es entsteht daher der Eindruck, dass die Texte Herzbergs neben der juristisch wissenschaftlichen Begründung immer auch Abscheu, also eine emotionale Wertung, wecken sollen.

Würde die Methodik deutlicher differenziert, müsste Herzberg zugeben, dass gerade die von Kelek beschriebene Form der Beschneidung dringend und vorrangig aufgegeben werden sollte. Das passt aber nicht in die Argumentationslinie von Putzke und Herzberg, die beide regelmäßig unter Anführung von reichlich Beispielen anführen, dass dieser Aspekt der Berücksichtigung des Kindeswohles den Arzt weder rechtfertigt noch entschuldigt. Hier kollidiert der juristische mit dem faktischen Anspruch an das Kindeswohl. Indem er dies ignoriert, provoziert er bewusst (und wie zu sehen ist erfolgreich) die Vorstellung von der religiösen Beschneidung als "barbarischem Akt", polarisiert somit die Diskussion und beschränkt damit seine Bemühungen um Veränderung des religiösen Brauches auf die Androhung der Strafbarkeit. Das konterkariert seine glaubwürdigen Bestrebungen diesen Brauch abzuschaffen. Herzberg glaubte noch 2009 fest daran, dass das strafrechtliche

Verbot "sein eigentliches Ziel" erreichen würde. "Verständnisvoll aufgeklärt" würden "viele muslimische und jüdische Eltern das Verbot, ihrem Sohn die Vorhaut abzuschneiden, respektieren". Das ist Wunschdenken und zeugt von wenig Erfahrung mit den betroffenen Familien.[84]

Ein weiterer Text Herzbergs soll an dieser Stelle ausführlicher diskutiert werden, da er aus juristischer Sicht eines der Urheber der Debatte sehr aktuell die jüngste Entwicklung verfolgt und kommentiert:

Als Reaktion auf den Gesetzesentwurf der Bundesregierung veröffentlichte Herzberg im Oktober 2012 einen weiteren Artikel in dem er diesen konsequent zerlegt.[85] Dabei unterlaufen im Ungenauigkeiten, sobald er seinen Fachbereich verlässt. So wird die Auffassung der us-amerikanischen Akademie der Kinderärzte bei der Beschneidung überwöge der medizinische Nutzen die möglichen Risiken zwar in Europa viel kritisiert, es gibt hingegen auch in Deutschland Kollegen, die sie teilen. Die Akademie steht sicher nicht "ganz isoliert da". Es sei denn "alle Welt" umfasst bei Herzberg nur die Länder im Geiste abendländischer Aufklärung. Es mag auch sein, dass Herzberg "nie" etwas über die Vorhauterkrankungen von Jungen und Männer gehört hat. In diesem Fall sollte er sich bei einem Urologen seines Vertrauens erkundigen. Der von ihm zitierte Artikel von Franz zu den psychologischen Folgen einer Beschneidung wurde oben bereits ausführlich erörtert. Das Problem

---

84 ebda
85 www.zis-online.com/dat/artikel/2012_10_705.pdf; zuletzt 30.12.12

besteht gerade in der Nichtexistenz belastbarer wissenschaftlicher Forschungsergebnisse. Die Ergebnisse der von Herzberg erwähnten jahrelangen "empirischen Forschung" sind bisher offenbar nicht in anerkannten Fachzeitschriften publiziert worden. Herzberg bringt dann eine "psychische Indikation" zur Rechtfertigung eines medizinisch nicht indizierten Eingriffs wie dem Ohrenanlegen, die durchaus auch auf den Befund der rituellen Beschneidung übertragen werden könnte, auch wenn Herzberg das weit von sich weisen würde. Putzke hat demgegenüber diesen Aspekt bereits andernorts als irrelevant dargestellt.

Erneut wird dann auch der Art. 24 der UN-Übereinkunft zu den Rechten des Kindes (ÜRK) diskutiert, der jedoch nur dann greift, wenn eine Gesundheitsschädigung eintritt. Herzberg setzt das als selbstverständlich voraus. Immerhin kann seiner Argumentation gefolgt werden, dass durch den Gesetzentwurf vorrangig das Elternwohl geschützt werden soll und die gesetzliche Erlaubnis ins Strafgesetzbuch gehöre. Damit wäre jedoch die Beeinträchtigung des Kindeswohles zementiert und zum Abschuss durch das Bundesverfassungsgericht freigegeben.

Herzberg betrachtet es angeblich als Kränkung der Eltern, wenn behauptet wird, dass sie die Kinder im Falle eines Verbotes "im Hinterzimmer Kurpfuschern unters Messer legen" und sich nicht ans Gesetz hielten. Das ist perfide. Erstens sind die Eltern von dem Kölner Urteil völlig überrumpelt worden. Zweitens können die Eltern anlässlich der Debattenkultur nicht den Eindruck gewonnen haben, ihnen und ihren Kindern würde durch ein Verbot etwas Positives zuteil, drittens dokumentiert Herzberg einmal mehr seine vermeintliche Ahnungslosigkeit über das

Leben, die Religion und die Wertvorstellung hiesiger Migranten. Nein, mittels diesen rethorischen Trickes will er die Eltern, nachdem er sie kriminalisiert hat, des Verfassungsbruches beschuldigen. Mehr noch: Nachdem er zunächst den Vizepräsidenten des Zentralrates der Juden, Samuel Korn lobt, der das juristische Problem in Köln anerkennt um es dann in seiner Umsetzung in Frage zu stellen ("die jüdische Gemeinschaft .. werde ein Verbot nicht akzeptieren"), wirft er auch ihm Verfassungsbruch vor. Hier möge er den von vielen als Keule kritisierten Ausspruch Graumanns zur Kenntnis nehmen: "dann werde jüdisches Leben in Deutschland nicht mehr möglich sein".

Wer die Juden auf diese Weise vor die Frage stellt Verfassungsbruch oder Bruch mit der Religion, muss sich über Beiträge wie den ebenfalls von Herzberg kritisierten von Frau Knobloch (s.o.)[86] nicht wundern. Weiter unten zeigt Herzberg seine wahre Einstellung: "Es ist abwegig, Misshandlung, Qual und Kindeswohlverletzung mit der Begründung zu bestreiten, die Eltern wollten die Operation zum Besten des Kindes, sie handelten aus Liebe und religiöser Fürsorge".

Erst ein guter jüdischer Freund habe ihn, Herzberg, zum Nachdenken gebracht, ihm zu den Erkenntnissen verholfen, die er bereits vor dem Anstoßen des ganzen Konfliktes als guter Staatsbürger und Mensch mit Erfahrung hätte haben können. Dass man nämlich mit der Debatte Gefühle von Religionsgemeinschaften verletzt, wenn unter Androhung von

---

86 http://www.sueddeutsche.de/politik/beschneidungen-in-deutschland-wollt-ihr-uns-juden-noch-1.1459038-2; zuletzt 30.12.12

Strafe uralte Rituale in einem einzigen Land der Erde, das zufällig vor einigen Jahren ein paar Millionen Menschen einer dieser Religionsgemeinschaften umgebracht hat, von außen verbietet.

Der ständige Verweis auf das Züchtigungsrecht hilft genau deshalb nicht weiter, weil das Züchtigungsverbot, ebenso wie die Abtreibungsdebatte innerhalb der es betreffenden Gesellschaft diskutiert und schlussendlich gesetzlich geregelt wurde (s.a. Bodenheimer). Interessant in diesem Zusammenhang sind die Ausführungen von Oliver Garcia[87]:

"Er oder sie ist der Meinung, daß durch eine Gesetzesänderung im Jahr 2002 die Strafbarkeit der Beschneidung begründet worden sei. In diesem Jahr sei § 1631 BGB geändert worden und das Recht des Kindes auf gewaltfreie Erziehung eingeführt worden. Ich möchte mich mit diesem Argument näher befassen, weil ich denke, dieser Ansatz stützt meine Argumentation. Zunächst: Es gab im Jahre 2002 keine diesbezügliche Gesetzesänderung (siehe Synopse zur Entwicklung des § 1631 BGB vom 1. Januar 1900 bis heute). "Mein Name" meint die Änderung aufgrund des Gesetzes zur Ächtung der Gewalt in der Erziehung und zur Änderung des Kindesunterhaltsrechts vom 2. November 2000 (BGBl. I S. 1479).

§ 1631 Abs. 2 BGB in seinen verschiedenen historischen Fassungen befaßt sich unter anderem mit der Frage, ob und inwieweit eine "körperliche Züchtigung" von Kindern durch ihre Eltern zulässig ist. Heute erscheint uns schon diese Bezeichnung als abstoßend, aber bis es zum heute endgültigen Verbot kam, war es eine schwere Geburt. In der amtlichen Begründung der letzten Gesetzesänderung (BT-Drs. 14/1247) kann man nachlesen, wie groß die Diskussionen bei jedem einzelnen Schritt der Rücknahme des früher als Gewohnheitsrechtsrecht ganz selbstverständlich anerkannten Züchtigungsrechts war. Das Parla-

---

87 http://blog.beck.de/2012/06/27/unerhoert-und-unsensibel-urteil-des-lg-koeln-zur-beschneidung?page=5#comment-40416

ment hat das gemacht, wofür es da ist: Diskutieren und abwägen. Die Stimmen, die die körperliche Unversehrtheit des Kindes verabsolutierten, konnten sich zunächst nicht durchsetzen. In einem ersten Schritt wurden nur "entwürdigende Erziehungsmaßnahmen" verboten. In einem zweiten wurden diese durch "insbesondere körperliche und seelische Mißhandlungen" konkretisiert, wobei ausdrücklich nach dem Willen des Rechtsausschusses einfache Schläge nicht verboten werden sollten. Erst mit der letzten Änderungen wurde, so auch der Gesetzestitel, die Gewalt in der Erziehung insgesamt geächtet. Deshalb konnte der BGH im Jahr 1986 noch urteilen (NStZ 1987, 173): "Eltern haben bei der Erziehung ihrer Kinder nach der Auffassung von Rechtsprechung und Schrifttum eine Befugnis zur maßvollen körperlichen Züchtigung. [...] Daß die Verwendung eines Schlaggegenstandes, hier eines stockähnlichen Gegenstandes, der Züchtigung schon für sich genommen den Stempel einer entwürdigenden Behandlung Christines aufdrückte, ist aber aus diesen Grundsätzen nicht herzuleiten."

Die Fortentwicklung der gesellschaftlichen Anschauungen hat auch in diesem Bereich nicht aus sich selbst heraus eine Einführung der Strafbarkeit bewirkt, sondern es war der Gesetzgeber gefordert, das Gesetz zu ändern - und auch dies ist, im Jahre 1998, nicht ohne Diskussionen und Enttäuschungen geschehen.

Nun sagt also "Mein Name", daß die jetzige Fassung von § 1631 Abs. 2 BGB die Strafbarkeit von Beschneidungen aus religiösen Gründen eingeführt habe. Ich finde in der amtlichen Begründung des Gesetzesentwurfs der Bundesregierung nichts dazu. Auch das Plenarprotokoll und die übrigen Parlamentsdrucksachen geben etwas dafür her, daß der Gesetzgeber auch nur annähernd bei "Gewalt gegen Kinder" an eine ärztlich durchgeführte Beschneidung gedacht hat. Er hat auch sicher nicht an irgendeine andere Art von ärztlichem Eingriff gedacht, der ja ebenso eine tatbestandsmäßige Körperverletzung (Gewalt im Sinne von "Mein Name") ist und bei einer unzureichenden ärztlichen Aufklärung strafbar sein kann.

Ich halte es für an der Grenze der Polemik - mit einem Schuß petitio principii -, Beschneidungen (und sonstige kinderärztliche

*chirurgische Eingriffe) als "Gewalt" zu bezeichnen. Dies ist
meines Erachtens nur schlechte Rhetorik und führt von den
eigentlichen Wertungsfragen fort. Wenn man sich überhaupt
auf diese Wortspielereien (die mich übrigens auch an § 240
StGB erinnern) einläßt, dann muß man aber aus der oben
genannten Gesetzesbegründung zur aktuellen Fassung von §
1631 Abs. 2 BGB zitieren:*

*"Der in Satz 1 verwendete Begriff der gewaltfreien Erziehung
knüpft nicht an einen strafrechtlichen Gewaltbegriff an, sondern
wird durch Satz 2 konkretisiert."*

*Und zur Frage, inwieweit diese Gesetzesänderung überhaupt
Auswirkungen auf die Strafbarkeit haben soll:*

*"Der früher gewohnheitsrechtlich anerkannte Rechtfertigungs-
grund des elterlichen Züchtigungsrechts ist durch die in der
vergangenen Legislaturperiode vorgenommene Änderung des §
1631 Abs. 2 BGB entfallen, so daß die Strafbarkeit elterlicher
Gewaltausübung durch die vorgeschlagene Änderung nicht
ausgeweitet wird, sondern unverändert besteht."*

Schließlich widmet Herzberg sich den Kritikern
der Debatte, die ihr Religionsfeindlichkeit und
Scheinheiligkeit vorwerfen, und behauptet allen Ern-
stes die Menschen achteten und respektierten die
Religion, ihnen ginge es nur um die Kinder. Ein Blick
in das Internet genügt um diesen hehren Wunsch zu
widerlegen.

Das Kölner Urteil hat keine Rechtssicherheit geschaffen, das ist bereits der Urteilsbegründung zu
entnehmen. Dies lassen Putzke, Herzberg, Stehr etc.
nicht gelten. Es ist in der Tat eine "schwerwiegende
Entscheidung" die rituelle Beschneidung jetzt in Grenzen zu gestatten. Die Selbstkritik Herzbergs langt
nicht um seinen Anteil an der Notwendigkeit einer
gesetzgeberischen Lösung zu thematisieren.

Die Gründe, die die Religionsgemeinschaften auf Dauer freiwillig zur Aufgabe der Beschneidung zwingen müssten, wie er anführt, beschränken sich auf immer dieselben zweifelhaften wissenschaftlichen Erkenntnisse und widerlegte statistische Rechenspielchen. Die Vorhaut ist nicht des Mannes sensibelstes Organ und Tausende von Nervenenden befinden sich nicht nur in der Vorhaut.

Nach Goethe mag man rufen: Getretener Quark wird breit nicht stark.

Abschließend muss festgestellt werden, dass ungeachtet anderslautender Interpretationen und fraglicher Intentionen, die juristische Argumentationslinie v.a. von Putzke überzeugend wirkt und mittlerweile, wenn auch zurückhaltender, von einem deutschen Gericht umgesetzt wurde. Wenn nun als Folge dessen eine Gesetzesänderung die Strafbarkeit der religiösmotivierten Beschneidung aussetzt, so ist damit das unmittelbar strafrechtliche Problem zwar gelöst, der Konflikt verbleibt jedoch auf der Ebene der Grundrechte. Eine weitere Auseinandersetzung und Diskussion erscheint wahrscheinlich und notwendig. Sie wird leiser und hoffentlich dadurch konstruktiver verlaufen müssen.

Auch bei wohlwollender Betrachtung unter der Prämisse einer pluralistischen Gesellschaft verbleibt in der Mehrheitsbevölkerung das Unbehagen, dass gerade im Falle des Islam mühsam erkämpfte Rechtsgüter über eine eingewanderte Religion unterwandert und relativiert werden. Das gilt nicht nur für die Beschneidung, sondern auch für die Rechte der Frau und die Meinungsfreiheit. Den Religionen sollte zwar Zeit eingeräumt werden, es ist ihnen aber zumindest zuzumuten (die Juden tun dies seit Jahrhunderten) auch inhaltlich den im Gastland bestehenden Konflikt intern zu reflektieren und zu diskutieren. Zumindest dies kann eine Minderheit im Sinne des des friedlichen Miteinanders leisten. Eine Befristung eines strafbefreienden Gesetzes in seiner Ambivalenz hätte diesen Anspruch des Staates deutlicher gemacht.[88]

Wie halten es die anderen?

Das deutsche Urteil hat zu einer lebhaften Kommentierung und Diskussion durch das Ausland geführt, die in der Tendenz eher skeptisch ausfällt. Carolin Lohrenz hat in Spiegel-Online am 20.07.12 einige Pressestimmen analysiert.[89]

Eine Folge der nach der Veröffentlichung des Kölner Urteils aufgeflammten Diskussion ist die in einigen Ländern losgetretene Debatte im Volk, die deutliche Parallelen zur deutschen Streitkultur aufweist - allen voran in Österreich und in der Schweiz.

Andere Länder (v.a. die Skandinavier), nimmt man interessiert zur Kenntnis, arbeiten sich bereits seit Jahren an ähnlichen Konflikten ab und haben bereits

---

88 siehe auch Markus Tiedemann: Zugeständnis in der Berliner Zeitung vom 11.12.2012: http://www.fr-online.de/kultur/beschneidungsgesetz-zugestaendnis,1472786,21079228.html
89 Caroline Lohrenz: Vorhaut des Zanks v. 20.07.12: http://www.spiegel.de/politik/ausland/europas-presse-diskutiert-ueber-beschneidungen-a-845466.html; zuletzt: 30.12.12

Erfahrung mit gesetzgeberischen Lösungsversuchen. Verunsichert stellen wir fest, dass sich auch unsere Nachbarn mit dem Thema bereits auseinandergesetzt haben. Aber nicht so, dass es jeder mitbekommt. Die Niederländer, die Engländer, die Schweden haben auch ein Problem mit der rituellen Beschneidung. Stimmt, aber sie erregen sich nicht öffentlich, haben nicht vor einigen Jahren eine der betroffenen Religions- und Volksgruppen nahezu ausgelöscht, sondern versuchen den der Moderne natürlicherweise entsprungenen Konflikt zu lösen.

Schweden:

Schweden ist neben Italien einer der wenigen Staaten weltweit, der aus ähnlichen Gründen wie die in Deutschland diskutierten, 2001 eine gesetzliche Regelung zur rituellen Beschneidung verabschiedet hat. Ähnlich wie jetzt in Deutschland ist der Eingriff bis zu einem Lebensalter von 2 Monaten nur unter Betäubung auch ausgebildeten Nichtärzten gestattet, anschließend nur noch Ärzten.

Zehn Jahre später muss konstatiert werden, dass das Gesetz nur eine leichte Verbesserung der Situation erreicht hat. Über 2/3 der Eingriffe werden außerhalb der gesetzlichen Regelungen praktiziert.[90] Die schwedische Gesellschaft für Pädiatrie bemühte sich vergeblich im Februar beim Gesundheitsministerium um ein Verbot der rituellen Beschneidungen.

---

90 http://www.aerzteblatt.de/archiv/128379/Pro-Kontra-Religioese-Beschneidungen?

Dänemark und Norwegen

Gemäß Zeit-Online gab es sowohl in Dänemark als auch in Norwegen Vorstöße die rituelle Beschneidung Minderjähriger einzuschränken bzw. zu verbieten[91].

Finnland

Ende 1999 gab das Finnische Parlament ein Statement bezüglich ritueller Beschneidung bekannt. Ombudsman Riitta-Leena Paunio bemerkte, dass diese Operation ohne medizinische Begründung nicht empfohlen ist, die betroffenen Kinder sollten dazu befragt werden und ihre Zustimmung dazu geben. Sie sagte, das Finnische Parlament müsse die religiösen Rechte der Eltern über ihre Kinder aufwiegen gegen die Verpflichtung der Gesellschaft, ihre Kinder vor rituellen Operationen ohne unmittelbaren Vorteil für sie zu schützen. Mit sofortiger Wirkung ist nun in solchen Fällen die Zustimmung beider Elternteile erforderlich.[92]

Laut taz.de (11.07.12) [93] gab es bereits Prozesse nach rituellen Beschneidungen. Ein diesbezüglicher Gesetzentwurf liege nicht vor.

Niederlande und Belgien

Die Niederlande setzt seit einigen Jahren auf eine Haltung von öffentlicher Aufklärung und Ablehnung der rituellen Beschneidung. Eine gesetzliche Regelung

---

91 http://www.zeit.de/2012/31/Analyse-Beschneidung-Gesetz
92 zitiert nach geburtskanal.de
93 http://www.taz.de/!97130 v. 11.07.12; zuletzt: 30.12.12

gibt es ebenso wie in Belgien nicht. Die Öffentlichkeit debattiert bereits einige Monate länger über das Thema. Laut Trouw (Amsterdam v. 05.07.12 [94]) könnte "die Plausibilität der deutschen Argumentation .. auch Anlass für eine offene Beschneidungsdebatte in der niederländischen Gesellschaft und Politik sein."

Österreich

In Österreich wird in Presse und Internet um den § 19 der Konvention über die Rechte des Kindes (man soll Kinder "vor jeder Form körperlicher oder geistiger Gewaltanwendung" schützen) diskutiert. Der Gesetzestext kann durch die Erweiterung auf die geistige Gewaltanwendung, gerade in Hinblick auf religiöse, aber auch pädagogische Einflüsse, weit interpretiert werden. Ein auf diesen Passus aufgebautes Verbot hätte noch viel weitreichendere Konsequenzen, als in Deutschland. Ein Recht auf "körperliche Unversehrtheit" existiert in Österreich nicht.[95]

Schweiz

In der Schweiz führten die Kinderkliniken von Zürich und Sankt Gallen als Folge des Kölner Urteils die rituelle Beschneidung zeitweilig nicht mehr durch. Ähnlich wie in Österreich entflammte eine heftige

---

94 Caroline Lohrenz: Vorhaut des Zanks v. 20.07.12: http://www.spiegel.de/politik/ausland/europas-presse-diskutiert-ueber-beschneidungen-a-845466.html; zuletzt: 30.12.12
95 http://www.kath.net/detail.php?id=37537

öffentliche Debatte in dem Staat, der per Volksentscheid über die Minarette entscheiden ließ.

Le Temps aus Genf fragte: "Steht das Urteil für einen laizistischen Fundamentalismus, dem Islamophobie und Antisemitismus innewohnt?" und befürchtete das Übergreifen der Debatte auf andere Länder und des Urteils auf andere europäische Gerichte.[33]

England

"Zu therapeutischen Zwecken eine Beschneidung vorzunehmen, obwohl die medizinische Forschung andere Techniken erbracht hat, die wenigstens so effektiv und weniger einschneidend sind, wäre unangebracht und unethisch."
(British Medical Association BMA 1996)

In einem im Sommer 2006 publizierten Positionspapier zur juristischen und ethischen Beurteilung der Jungenbeschneidung äußert sich die British Medical Association (BMA) sehr differenziert zu der Problematik.[96] Ausgehend von einer als vorläufig ungeklärt betrachteten medizinischen Bewertung der medizinisch nicht indizierten Beschneidung von Jungen, die innerhalb der BMA von für die Gesundheit von schädlich über neutral bis zu vorteilhaft eingestuft wird, wird die juristische Seite unter Bezug auf einschlägige Gerichtsverfahren beleuchtet. Schließlich

---

96
http://www.bma.org.uk/ap.nsf/Content/malecircumcision2006?OpenDocument&Highlight=2,circumcision

wird eine ethische Einschätzung vor dem Hintergrund des Human Rights Act und der UN-Kinderrechtskonvention vorgenommen. Als entscheidend für die derzeitige die rituelle Beschneidung tolerierende ethische Bewertung wird die unklare medizinische Einschätzung der Langzeitfolgen angeführt. Neue Erkenntnisse in Richtung eines nachhaltigen Schadens hätten eine Neubewertung der ethischen Einschätzung zur Folge. Bis dahin gelte es als ethisch unabdingbar

1. den Eingriff medizinisch kunstgerecht durchzuführen

2. nach entsprechender Information und Aufklärung das Einverständnis beider Eltern einzuholen

3. falls erkennbar den Willen des zu beschneidenden Jungen zu berücksichtigen.

Diese Kautelen entsprechen im Wesentlichen den Bedingungen der auch in Deutschland umgesetzten Gesetzgebung.

Die deutsche Debatte wird kritisch beobachtet:

"Erstens sollte gesagt sein, dass dies sicher eine legitime Debatte ist, Deutschland aber das am wenigsten geeignete Land ist, um sie zu führen. Geschichte zählt, und die jüdische Gemeinschaft in Deutschland hat lange gebraucht, um sich zu rekonstruieren, auch ohne einen Angriff auf das, was sie als ihre Religionsfreiheit ansieht."[97]

---

97 Giles Fraser: This German circumcision ban is an affront to Jewish and Muslim identity; the Guardian 17.07.12;

Der Guardian stellt den Säkularismus zum Pluralismus in Opposition.[98]

Die Kommentatoren der Online-Artikel weisen mehrheitlich einen rassistisch-phobischen Impetus zurück. Orientierend an der 60-jährigen eigenen anglo-amerikanischen Debatte über den Sinn der Beschneidung dominieren auch in England im Internet die Stimmen, die den Eingriff als Verstümmelung definiert und abgekoppelt von einer religiösen Bedeutung sehen wollen. Man dürfe eine unsinnige Praxis nicht hinter Hitler oder dem Antisemitismus verbergen.

Frankreich

Die Informationen zu Frankreich sind widersprüchlich:
So berichtet die taz:
"In Frankreich ist die religiös motivierte Beschneidung .. nicht explizit erlaubt, aber auch nicht gesetzlich verboten. Es gebe zwar theoretisch einen Artikel im Strafgesetzbuch, der Handlungen untersagt, die die Integrität des menschlichen Körpers verletzen, aber bisher wurde dieser noch nie in Zusammenhang mit religiösen Beschneidungen gebraucht."[99]

---

http://www.guardian.co.uk/commentisfree/belief/2012/jul/17/german-circumcision-affront-jewish-muslim-identity; zuletzt 30.12.12
98 eda.
99 http://www.taz.de/!97130 v. 11.07.12; zuletzt: 30.12.12

Andere formulieren das ausdrücklich als: Die rituelle Beschneidung sei in Frankreich verboten, aber geduldet.[100]

Faktisch wird angesichts der größten muslimischen und jüdischen Gemeinde Europas die Praxis geduldet.[101] Lediglich die Kosten für den Eingriff werden seit 1987 nicht mehr von den staatlichen Krankenkassen übernommen.

Das Deutschlandradio berichtete über eine Radiosendung von Radio Monte Carlo zum Thema. Die Französischen Hörer hätten sich am Telefon eher gemäßigt, per SMS oder im Internet jedoch eher dem deutschen Urteil zustimmend geäußert, so der Moderator. Diese Stimmen seien "massiv ... aus der sehr echten Ecke eingebracht" worden. [102]

Frankreichs Presse bemüht die Philosophen, die das Urteil skeptisch bewerten: "Das Recht .. hat das Symbolische verstoßen" und nach dem nazistischen Deutschland stelle "das humanistische Deutschland .. die Beschneidung auf den Index. [103]

Spanien

In Spanien bietet das öffentliche Gesundheitssystem die religiöse/kulturelle Beschneidung nicht an. In

---

100 Jerome Segal in: Wiener Zeitung online v. 12.10.12: http://www.wienerzeitung.at/meinungen/gastkommentare/482644_Kein-Grund-zur-Beschneidung.html; zuletzt 30.12.12
101 http://www.la-croix.com/Religion/S-informer/Actualite/Le-delicat-debat-juridique-sur-la-circoncision-en-Europe-_NG_-2012-08-08-840483
102 http://www.dradio.de/dlf/sendungen/europaheute/1816833/
103 http://www.lepoint.fr/societe/le-prepuce-de-la-discorde-05-07-2012-1482407_23.php

Aufklärungskampagnen wird empfohlen den Eingriff zu verschieben, bzw. bei der Durchführung in den Heimatländern im Interesse der Jungen streng auf die hygienischen Bedingungen zu achten. Als Alternative stehe die (teure) Versorgung im Privatsektor des Gesundheitssystems zur Verfügung.[104]

Es ist keine ausgeprägte Neigung zu erkennen die Debatte auf Spanien zu übertragen.

Italien

Laut Panorama (Mailand) sollten auch Richter die Symbolwirkung ihrer Entscheidungen bedenken. [105]

Grundsätzlich gibt es in Italien eine seit 1989 gesetzlich verankerte Legitimation der religiös begründeten Beschneidung. [106]

USA

In den USA dauerte es bis in die achziger Jahre des vergangenen Jahrhunderts bis die dortige Beschneidungspraxis in Frage gestellt wurde. Die us- amerikanischen Ärzteverbände (v.a. die American Academie of Pediatrics AAP) unterstützten zwischen 1987 und 1999 die Neonatalbeschneidung aus medizinischen Gründen. 1999 wurde dann aufgrund der Datenlage die prophylaktische Beschneidung aus medizinischen

---

104 http://www.AEPap.org
105 Panorama v. 13.07.12, zitiert nach Spiegel v. 20.07.12: Caroline Lohrenz: Vorhaut des Zanks v. 20.07.12:
http://www.spiegel.de/politik/ausland/europas-presse-diskutiert-ueber-beschneidungen-a-845466.html; zuletzt: 30.12.12
106 http://www.freitag.de/autoren/ed2murrow/verfasstheit-und-ein-stuckchen-haut-i

Gründen nicht mehr empfohlen, da ein die Komplikationen übersteigender Nutzen bezweifelt wurde[107]. Die Beschneidungsrate hatte ihren Höhepunkt erreicht und begann zu fallen - allerdings auch korrigiert durch die beschneidungskritische Haltung lateinamerikanischer Einwanderer. Jüngst (August 2012) revidierte die AAP in einem Aufsehen erregendem Statement ihre Position von 1999 und empfahl dem amerikanischen Gesundheitssystem die Kostenübernahme der prophylaktischen Neonatalbeschneidung, da Folgekosten wegen durch die Beschneidung zu vermeidender Erkrankungen höher seien. Allerdings blieb es bei der Position, dass aus Sicht der AAP die Routinebeschneidung nicht grundsätzlich zu empfehlen sei[108]. Etliche europäische Ärzteorganisationen reagierten empört - allen voran die Niederländer - und arbeiten an einem Gegenstatement.

Kanada

In Kanada zahlen die Krankenkassen nicht mehr für medizinisch nicht indizierte Beschneidungen. Die Zahlen sind bereits stark gesunken (in Neufundland sogar auf 0,4 %).

Australien und Neuseeland

Die Australischen und Neuseeländischen Kinderärzte empfehlen gemeinsam mit den Kinderchirurgen,

---

107 http://pediatrics.aappublications.org/content/103/3/686.full
108 http://pediatrics.aappublications.org/cgi/reprint/130/3/e756
Das Dokument liefert mit 248 zitierten (vorwiegend us-amerikanischen) Studien einen umfassenden Überblick über die aktuelle wissenschaftliche Datenlage.

den Kinderurologen die Routinebeschneidung in einem Positionspapier von 2004 (aktualisiert 2008) nicht[109].

Die Beschneidungsrate liege in beiden Ländern zwischen 10 und 20% (fallend)[110].

Der Blick zu den westlich geprägten Nachbarn und Partnern zeigt, dass der interkulturelle und interreligiöse Konflikt in vielen Staaten je nach Historie mehr oder weniger intensiv diskutiert wird. In den meisten Staaten werden die Kosten des Eingriffs von den Krankenkassen nicht (mehr) übernommen. Lediglich die us-amerikanische Akademie der Kinderärzte (AAP) empfiehlt dies seit August wieder, da die Beschneidung einen gewissen medizinischen Vorteil aufweise.

Alle Staaten tun sich schwer mit einer gesetzlichen Regelung. Schweden ist (neben Italien) hier Vorreiter. Zusammengefasst ist festzustellen, dass das juristische Grundproblem vor allem in einigen europäischen Staaten diskutiert wird, bisher jedoch kein Staat so weit ging, die rituelle Beschneidung grundsätzlich zu verbieten, so wie das in Deutschland von großen Bevölkerungsteilen gefordert wurde.

Es gibt von daher offenbar keinerlei internationalen Druck - auch vor dem Hintergrund der UN-Kinderrechtskonvention - für eine deutsche Vorreiterrolle. Im Gegenteil ist mit wenig Gespür für das

---

109
http://www.racp.edu.au/download.cfm?DownloadFile=A453CFA
1-2A57-5487-DF36DF59A1BAF527
110 s.a. Spisbury K et al: Circumcision for phimosis and other meddical indications in Western Australian boys; MJA: 178; 17.02.2003

Bild der Deutschen im Ausland für ein zurückhalten-
des Vorgehen, so wie es die Legislative umgesetzt hat,
angebracht.

Die Beschneidungsdebatte in Deutschland

Teil 2

Im Folgenden sollen einige der veröffentlichten
Meinungen, soweit sie im Rahmen dieses Textes nicht
anderweitig besprochen werden, kommentiert werden:

Necla Kelek

Kelek, in der Türkei geboren und aufgewachsen,
hat nach der Einwanderung nach Deutschland mit den
Traditionen ihrer Familie gebrochen, zwei Studien-
gänge absolviert und die Integrationsdebatte mit ihren
zwei Büchern über "fremde Braut" und "die verlorenen Söhne" vom Kopf auf die Füße gestellt. Mit viel
Sachverstand und Einfühlungsvermögen schildert sie
die Probleme der türkisch-islamischen Migranten in
der Konfrontation mit dem westlich-säkular-
individualistischen Weltbild. Man kann ihren Mut und
ihre Standhaftigkeit nur bewundern.

In ihrem Buch "die verlorenen Söhne" [111] schildert sie in einer Geschichte unter vielen die dramatische Beschneidung ihrer Neffen. Ihrem Bericht kommt eine große Bedeutung zu, da er eine der bis dato wenigen authentischen Zeugnisse aus dem Kreis der eigentlich Betroffenen darstellt und das geschilderte Ritual aus Sicht der Kinder hinterfragt. Dennoch sollte bei allem Respekt vor der Leistung Keleks bemerkt werden, dass hier über das in der Türkei - zumindest seinerzeit - nicht unübliche Beschneidungsritual ohne jede Betäubung berichtet wird. Der durch die von Kelek zitierte Psychiaterin Menage angeführten seelische Schaden durch die Traumatisierung ist nicht dem Eingriff an sich, sondern nach ihren eigenen Kriterien (von Janet Menage) der Art und Weise seiner Durchführung geschuldet.[112] Der Islam fordert die Beschneidung nicht als Schmerzerlebnis im Sinne einer Initiation, daher ist der Schmerz völlig entbehrlich. Kelek setzt zum ersten Mal und völlig zu Recht das deutsche Grundgesetz in Form des Grundrechtes auf körperliche Unversehrtheit in Verbindung mit der religiös motivierten Beschneidung. Sie macht in ihrem Buch mehr als deutlich, wie schwer sich die Migran-

---

111 wiederholt in der Talkshow bei Maischberger am 14.08.12 in der ARD, sowie in ihrem Beitrag am 28.06.12 für die Welt
112 "Some of the factors which contribute to the experience being traumatic are:
the feelings of powerlessness or loss of control over one's own body;
the lack of information given; the perceived lack of sympathy of the examiner;
the experience of physical pain, and the lack of consent to the operation".
Janet Menage 1998: Circumcision and psychological harm:
http://www.norm-uk.org/circumcision_psychological_effects.html

ten von ihren alten Bräuchen lösen - auch wenn diese nicht in der Religion verankert sind. Bei aller Leidenschaft für die Sache, müsste jedoch gerade Kelek Verständnis dafür aufbringen, wenn man zunächst diese unwürdigste aller Beschneidungsformen unter Schmerz und Trauma vermeidet um im Anschluss das Ritual als solches zu relativieren.

Die historischen Ursprünge der Beschneidung auf die "Sklavenmarkierung" bei den Ägyptern zu reduzieren, ist für die ansonsten sehr gute Recherche Keleks etwas dünn und wirkt daher tendenziös. Gleiches gilt für die Aussagen ausgewählter Urologen, die Beschneidung habe keinerlei medizinische Vorteile. Das greift zu kurz und entspricht dem üblichen Muster der Beschneidungsgegner. Schließlich ist die Aussage, dass in Schweden die rituelle Beschneidung ab dem Alter von 2 Monaten verboten sei, falsch (Sie darf dann nur noch von Ärzten durchgeführt werden). Kelek wäre noch glaubwürdiger, wenn sie auf diese Art der Fehlinformation verzichtet hätte. Kelek teilt das übliche Schicksaal vieler Vordenker. Mit ihrer leidenschaftlich vorgetragenen Gesellschaftskritik stößt sie die Mehrheit ihrer hier lebenden türkischen Mitbürger vor den Kopf und erntet vorläufig nur Spott und Häme. Auch in Gesprächen mit intellektuellen Muslimen in unserer Praxis wird Kelek nicht ernst genommen.

Ali Utlu

Einen weiteren erschütterten Bericht über die selbsterlebte Beschneidung in der Türkei liefert das

Mitglied der Piratenpartei Ali Utlu.[113] Er erwähnt erstmalig die Angst der türkischen Männer öffentlich über ihre Erlebnisse und ihre Folgen zu reden und er erzählt sehr offen über die Folgen der Beschneidung für sein Sexualleben.

Der Bericht ist wie der von Keleks Neffen sehr ernst zunehmen, da aus der Gruppe der tatsächlich Betroffenen heraus erstmals die ansonsten völlig fehlende Opferperspektive erkennbar wird. Auch hier handelt es sich um eine traumatisch erlebte Beschneidung ohne jede Betäubung, über deren Abschaffung in Deutschland weitgehend Einigkeit herrscht. Entscheidender ist die Schilderung der Beschneidungsfolgen für das Sexualleben, da es hierzu wenig Information aus diesem Kollektiv gibt. Würde sich dieses Manko im Lustempfinden in der Fläche bestätigen, wäre dies eine als sehr nachhaltig negativ zu wertende Langzeitfolge der Beschneidung zu berücksichtigen. Der irakische Schriftsteller Najem Wali berichtet in der TAZ vom 03.07.12 über seine Beschneidung ohne Betäubung im Alter von 12 Jahren im Irak, seine Gedanken und Ängste vorher und nachher.[114] Er selber gibt keine Langzeitbeschwerden an, außer einer seither bestehenden Distanz zur Religion, erzählt aber die Geschichte des Bekannten "K", der wegen der sexuellen Folgen der Beschneidung dreimal heiratete.

Niels Juel bestätigt die Erfahrung eines eingeschränkten sexuellen Empfindens am 15.09.12 in der

---

113 (www.change-tv.eu)
114 http://www.taz.de/!96617/

TAZ.[115] In diesem Fall ist die Information wertvoll, da Juel ein Sexualleben vor der Beschneidung erlebt hat, welches nicht durch eine erkrankte Vorhaut eingeschränkt war. Er kann also zumindest für sich entscheiden, was besser war. In diesem Zusammenhang benötigen wir dringend mehr belastbare Informationen.

Holm Putzke

Prof. Putzke ist Strafrechtler und geistiger Urheber des Kölner Urteils. Er argumentierte in seinem Aufsatz im Deutschen Ärzteblatt, dass das Elternrecht stellvertretend für ihr Kind in eine Körperverletzung einzuwilligen, so wie das für eine medizinische Indikation unbestritten ist, für die religiös motivierte Beschneidung nicht gilt.[116]

Putzke ist Recht zu geben, wenn er feststellt, dass es bezüglich der Beschneidung aus anderen als medizinischen Gründen eine unklare Rechtslage gab. Das hat sich durch seine Arbeit (auch wenn er davon überzeugt war) nicht geändert, sondern erst durch das durch diese Arbeit erforderlich gewordene Gesetz.

---

115 Nils Juel: Im Bett mit und ohne:
http://www.taz.de/1/archiv/digitaz/artikel/?ressort=wi&dig=2012
%2F09%2F15%2Fa0021&cHash=02144a15759b23ea7f6826fe96
ab15c9
116 Stehr, Maximilian; Putzke, Holm; Dietz, Hans-Georg: Zirkumzision bei nicht einwilligungsfähigen Jungen: Strafrechtliche Konsequenzen auch bei religiöser Begründung: Dtsch Arztebl 2008; 105(34-35): A-1778 / B-1535 / C-1503

Infrage zu stellen wäre dabei, ob alleine der Tatbestand einer unklaren Rechtslage zur Klärung zwingt – solange kein Kläger existiert, der dies verlangt. Damit soll nicht die Notwendigkeit der gesellschaftspolitischen Debatte bezweifelt werden. Der Weg über den juristischen Konflikt und die angedrohte Strafbarkeit hat aber voraussehbar einen enormen Handlungsdruck erzeugt, welcher sich in Emotionen statt Argumenten entlud.

Auch wenn Putzke ausführt, dass es sich um den Strafbestand der Körperverletzung handelt, mischen sich zumindest in die im Ärzteblatt 2008 publizierte Argumentation Aussagen, die letztlich dann doch eine Meinung im Sinne einer ethisch moralischen Position und eben keinen Tatbestand darstellen. Vor allem die Frage, ob es sich um einen „unangemessenen und üblen" Eingriff handele, sei „allein wertend" zu entscheiden. Die Wertung ist jedoch hochgradig subjektiv und vom sozialen Kontext abhängig. Es ist irrig hier einen gesellschaftlichen Konsens anzunehmen oder aber bewusst intendiert diesen durch Kriminalisierung ganzer Bevölkerungsgruppen auszuhebeln. Dass es dabei wirklich um das Kindeswohl ging oder geht, darf mit guten Gründen bezweifelt werden. Putzke selbst verweist auf ein "wissenschaftliches Interesse" zur Klärung der Strafbarkeit. Er wägt sehr sorgfältig ab und antizipiert dabei bereits mögliche Gegenargumente um sie juristisch sauber zu widerlegen. Das Resultat ist eine ganze Reihe von Veröffentlichungen in medizinischen und juristischen Fachzeitschriften, die im Veriss einer wissenschaftlich nicht sauber verfassten Dissertation zum Thema gipfeln. Der Spiegel erkennt in der bisher nicht bearbeiteten juristischen Fragestellung den Status einer "Perle" für einen jungen aufstrebenden Juristen.[117] Soweit erkennbar, geht es Putzke vor allem um die strafrechtliche Bewertung. Im Gegensatz zu seinem Mentor Herzberg vermeidet er in seinen frühen Schriften stringent wertende Attribute. Allerdings verweisen seine genannten Lösungsansätze und Perspektiven auf eine etwas unbedarfte und wenig empathische Distanz zu den betroffenen Religionsgemeinschaften. Die Verschiebung der Beschneidung in ein einwilligungsfähiges Alter, das er mit Erreichen der Religionsmündigkeit (also mit 12 Jahren), juristisch sicherer noch mit 16 - 18 Jahren ansetzt[118], wird weder der Lebenswirklichkeit der gläubigen Eltern, noch den dann betroffenen Jugendlichen gerecht. Das volle Ausmaß einer Beschneidung in allen ihren Facetten, welches ganz offensichtlich bis in Wissenschaftskreise umstritten ist, kann auch von einem 14 - 18 Jährigen nicht erfasst, übersehen und damit eingeschätzt werden. Es wäre lediglich das juristische Problem auf Kosten eines überforderten Jugendlichen gelöst. Ein echter Kompromiss, so wie von Putzke und weiteren Mitstreitern wiederholt vorgeschlagen, ist das sicher nicht. Von der jüdischen Gemeinde erwartet er die Ersetzung der Brit Mila durch eine symbolische Handlung. Das ist zwar für den nichtjüdischen deutschen Juristen eine naheliegende Möglichkeit, übersieht jedoch, dass gerade die jüdische Glaubensgemeinschaft sich nicht durch die Androhung der Kriminalisierung ihrer Riten zu einem Umdenken bewegen

---

117 Spiegel 30 v. 23.07.2013
118 Dieser Ansatz war Grundlage für den alternativen Gesetzesentwurf von den Abgeordneten um Marlene Rupprecht.

lassen würde. Die Reaktion der jüdischen Vertreter und die umgehende parlamentarische Aufforderung an die Regierung das Putzkeproblem gesetzgeberisch zu lösen attestiert dies.

Problematisch für Putzkes Aufsätze ist die Einholung medizinischen Sachverstandes durch die erklärten Gegner der Beschneidung Stehr und Dietz. So entbehren einige der medizinischen Aussagen eindeutig der von Putzke selbst geforderten Wissenschaftlichkeit. Die moderaten Kräfte haben diese Gefahr 2008 nicht erkannt. Die Logik Putzkes war trotz der Schwäche der medizinischen Darstellung überzeugend und wies ihn als ernsthaften unvoreingenommenen Wissenschaftler aus. Putzke vermied zunächst Vokabular wie "Genitalverstümmelung" und "Kindesmissbrauch". Nachdem die Debatte nun ausreichend aufgeheizt ist und niemand mehr genauer auf die Daten schaut, ist diese Zurückhaltung offenbar nicht mehr erforderlich. Herr Putzke zeigt jetzt erst allmählich seine wahre Gesinnung. Insofern muss auch nicht verwundern, dass die Herren sich den gesellschaftspolitischen Folgen gegenüber, mit denen sie nachweislich bereits 2008 konfrontiert wurden, taub gestellt haben. Letztlich muss unterstellt werden, dass die wissenschaftliche Diskussion von Beginn an vor einem gesinnungsethischem Hintergrund geführt wurde.

Die de facto Kriminalisierung von mehreren Millionen in Deutschland lebenden Muslimen durch den Vorstoß von Herrn Putzke sollte daher nicht nur vor dem strafrechtlichen, sondern auch vor diesem gesellschaftlichen Hintergrund abgewogen werden. Darüber hinaus ist prinzipiell eine juristische Klärung der Sachlage notwendig geworden und durch das

Gesetz auch umgesetzt worden. Die apodiktische Festlegung Putzkes, dass ab der Verbreitung in seinem „Aufsatz gewonnenen Erkenntnis" diese Klärung erfolgt sei, hat sich im weiteren Verlauf als unzutreffend herausgestellt.

Ärzte uneins

Im Deutschen Ärzteblatt wurden am 06.08.12 sieben unterschiedliche Positionen zum Thema im Rahmen einer pro/contra - Debatte veröffentlicht.[119]

Putzke, Stehr und Dietz orientieren sich an ihrem 2008 erschienen Artikel, stellen Körperliche Unversehrtheit, Kindeswohl und Selbstbestimmung über die Religionsfreiheit und versuchen die wichtigsten Gegenargumente eines Beschneidungsverbotes zu entkräften.

Zunächst wird erläutert, warum es sich bei der Beschneidung um einen "intensiven" Eingriff in die körperliche Unversehrtheit handelt. Anschließend wird angeführt, dass das Stigma der Beschneidung die Selbstbestimmung verletze. Eine seelische Beeinträchtigung im sozialen Umfeld bei Nichtdurchführung rechtfertige ebenso die weibliche Beschneidung und Religionsgemeinschaften dürfe eine Deutungshoheit über Identität nicht schrankenlos zugebilligt werden. Die geschilderte Sichtweise sei nicht religionsfeindlich, da es Religionen zuzumuten sei, Bräuche zu ändern. Die Autoren sehen schließlich nicht die Gefahr der Abdrängung des Eingriffes in die Illegalität, da der

---

119 http://www.aerzteblatt.de/archiv/128379/Pro-Kontra-Religioese-Beschneidungen?src=search

soziale Druck "zwangszubeschneiden" nachlasse und wegen eines "unverantwortlichen" Verhaltens der Eltern kein Verbot unterbleiben sollte.

Kommentar: Die Entfernung der Vorhaut ist ein irreversibler, relevanter operativer Eingriff. Eine Ablehnung der Verharmlosung allein aufgrund der langen Praxis und hohen Zahl ist nachvollziehbar. Sie ist angesichts möglicher Folgen und Komplikationen unangebracht. Der Medizinische Nutzen wird in diesem Beitrag wie zuvor abgestritten, was interpretationsfähig bleibt. Die Selbstbestimmung des Kindes auf ein religiöses Zugehörigkeitsmerkmal zu beziehen ist nicht ganz verständlich. Die Beschneidung an und für sich erlaubt keinerlei Rückschlüsse auf Religion und Religiosität.

Den Autoren war bereits 2008 glasklar, dass ihre Sichtweise religionsfeindlich bzw. gar antisemitisch aufgefasst, interpretiert oder nur in diese Richtung instrumentalisiert werden würde. Diese Problematik wird weiterhin ignoriert und nicht diskutiert. Die Auffassung es sei Religionsgemeinschaften zuzumuten elementare Bräuche kurzfristig und nur in Deutschland zu verändern ist eine absolut religionsfeindliche. Ebenso zeugt es von Naivität, gesellschaftlicher Wahrnehmungsstörung oder extremer Arroganz das Festhalten muslimischer und jüdischer Eltern an ihrem Ritual schlicht als "unverantwortlich" zu bezeichnen. Der belehrende Ductus ist nicht zu überhören und befeuert damit auch weidlich die Debatte.

Frau Dr. Deusel, Rabbinerin und Oberärztin für Urologie kritisiert die Polemik und pauschale Religionskritik in der Diskussion (und wird im Blog prompt angeklagt als Angehörige einer der betroffenen Religionsgruppen gar kein Mandat zu haben, ihre Meinung zu publizieren).

Dr. Kupferschmidt, Kinderarzt stellt sich an die Seite von Stehr und Dietz. Auch die deutsche Geschichte rechtfertige nicht das Recht auf körperliche Unversehrtheit und die Selbstbestimmung hinter die Religionsfreiheit zu setzen. Er verlangt von Juden und Muslimen ein Umdenken.

PD Dr. Magheli und Prof. Hakenberg, Urologen halten den Eingriff für komplikationsarm und langfristig für funktionell unbedeutend. Sie stellen eine hitzige (unnötige?) Debatte fest, die es vor dem Urteil, welches bereits in seiner Begründung nicht eindeutig war, nicht gab.

Dr. Bruch, Präsident des Berufsverbandes Deutscher Chirurgen (BDC) bemüht den Respekt vor den Religionen und legt die medizinischen Vorteile der Beschneidung dar.

Prof. Carlsson erläutert die Situation in Schweden. Er hält die Legalisierung der Beschneidung mit dem Ziel der Sicherheit der Betroffenen für richtig, konstatiert aber: "Eine säkularisierte Gesellschaft tut sich schwer mit religiösen Riten und die betroffenen Bevölkerungskreise tun sich schwer damit zu akzeptieren, dass ein medizinischer Mindeststandard nach Ethik und Gesetz notwendig ist. Ein Gesetz allein schafft nicht medizinische Sicherheit und auch kein Verständnis zwischen den Gruppen."

Prof. Bielefeld, UN-Sonderberichterstatter hält die Diskussion für überzogen. Er verweist auf die elementare Bedeutung des Beschneidungsritus bei Muslimen und Juden. Er erkennt in der Debatte Züge eines Kulturkampfes mit dem Ziel Religion aus dem öffentlichen Leben abzudrängen.

Die Debatte führte zu einer lebhaften Kommentierung durch Leserbriefe, die mehrheitlich der rituellen Beschneidung ablehnend gegenüber standen. Allerdings wurde auch festgestellt, dass in Deutschland andere invasive ärztliche Eingriffe nicht in Frage gestellt werden, obwohl es Gründ dafür gebe; mithin die plötzliche Diskussion zur Abschaffung eines Rituals, nichts mit dem Ritual zu tun haben könne. Zumal jeder Arzt die freie Entscheidung habe, die Durchführung eines Eingriffes abzulehnen.[120] Die aktuellen Kommentare wichen sowohl im Hinblick auf die Aggressivität als auch in ihrer Ablehnung deutlich ab vom Tenor der Zuschriften nach dem Putzke/Stehr - Artikel von 2008, bei denen ein nachdenklich kritischer Ton (bzgl. eines möglichen Beschneidungsverbotes) überwog.

Jenseits der Tagesordnung wurde das Thema auf der Hauptversammlung des Marburger Bundes NRW/RLP diskutiert. Neben dem Austausch der bekannten Grundsatzpositionen wurde eine neutralere, rein ärztliche Wertung der Ärzteschaft gefordert, die sich in religiöse Fragen nicht einmischen solle. Selbstkritisch wurde festgestellt, dass auch die Ärzte sich erst aufgrund des Urteils mit der ihnen bekann-

---

120 Ärzteblatt 39: 28.09.12

ten Praxis auseinandergesetzt hätten. Die nun häufig artikulierte sehr kritische Haltung einiger Ärzte sei zuvor öffentlich nicht geäußert worden.

Der Brief

Ausgehend von seiner Analyse des Konfliktes (s.o.) initiierte Franz einen "Offenen Brief", der von über 600 Juristen und Medizinern unterschrieben und von der FAZ publiziert wurde [121]. Es wird um "Versachlichung" und Führen der Debatte auf "wissenschaftlicher .. Grundlage" gebeten. Weder ist der Brief jedoch sachlich, noch führt er eine Debatte auf wissenschaftlicher Grundlage. Er dokumentiert lediglich eine sehr einseitige Position, die im Gegensatz zum eigenen Bekunden eben nicht eindeutig wissenschaftlich zu belegen ist. Gerade im Bezug auf die seelischen Folgen einer Beschneidung werden unhaltbare Aussagen getroffen [122], die völlig unwissenschaftlich in der Platitüde "Man tut Kindern nicht weh" münden.

Weitere Pressestimmen

121 Matthias Franz: Religionsfreiheit kann kein Freibrief für Gewalt sein. FAZ 21.07.12
http://www.faz.net/aktuell/politik/inland/beschneidungsdebatte-aerzte-und-juristen-plaedieren-gegen-die-beschneidung-11827596.html
122 Wie etwa die oben diskutierte Frage, ob eine "Beschneidung im Alter von 4-6 Jahren aus entwicklungspsychologischer Sicht besonders gravierende psychotraumatische Wirkung entfalten kann".

30.06.12   Triumph des Vulgärrationalismus[123]

Sehr schnell reagierte der persische Schriftsteller und habilitierte Orientalist <u>Navid Kermani</u> auf das Kölner Urteil. Er stellt in der Gesellschaft eine "religiöse Unmusikalität fest", für die das Kölner Urteil ein Bespiel sei. Aufklärung sei "nicht nur die Herrschaft der Vernunft, sondern zugleich das Einsehen in deren Begrenztheit". Bundespräsident Gauck griff bei seiner Rede zur Einweihung der Ulmer Synagoge den Begriff des Vulgärrationalismus erneut auf: *"Da haben sich echte, aufgeklärte Sorge um Kindeswohl und körperliche Unversehrtheit bei einigen gelegentlich mit einem Vulgärrationalismus gemischt, in dem auch antisemitische und antimuslimische Einstellungen sichtbar wurden. Das ist schlimm."*

"Gauck unterstrich, eine säkulare Gesellschaft müsse Debatten über den Platz der Religion, über Religionsfreiheit und über religiöse Bräuche führen. Dies sei "nötig und richtig". "Seit der Aufklärung haben wir Schritt für Schritt gelernt: Auch der religiöse Glaube muss sich der Kritik der Vernunft stellen.[124]"

06.07.12   Brachiale Aufklärung

<u>Andreas Zielcke</u> zerlegte in drei Absätzen zentrale Argumente der Kritiker des Kölner Urteils und

---

123 Navid Kermani: Triumph des Vulgärrationalismus:
http://www.sueddeutsche.de/kultur/debatte-ueber-
beschneidungen-triumph-des-vulgaerrationalismus-1.1397713
124 zitiert nach:
http://www.spiegel.de/politik/deutschland/beschneidungsdebatte-
gauck-ruegt-vulgaerrationalismus-a-870549.html

folgte der juristischen Linie Putzkes zur strafrechtlichen Relevanz der Beschneidung, bevor er im letzten Absatz ein Urteil des Bundesverfassungsgerichtes von 1971 zitierend zur Überzeugung kommt, dass das Strafrecht als "schärfste der Gesellschaft zur Verfügung stehende Waffe" auch in diesem Fall "unter keinem Aspekt - Vergeltung, Prävention, Resozialisierung des Täters - eine adäquate Reaktion" sei. Erst der "anerkennende Respekt vor dem Nicht-Säkularen" mache " die Säkularität souverän".

Anzumerken ist, dass Zielckes Auffassung die Beschneidung sei ein unauflösliches religiöses Merkmal angesichts zahlreicher aus den unterschiedlichsten Anlässen beschnittener Männer zu relativieren wäre.

23.07.12 Unzumutbare Schmerzen[125]

Maximilian Stehr, Professor für Kinderchirurgie, München und Co-Autor von mehreren Putzke-Artikeln, beginnt seinen Aufsatz im Spiegel mit einem schweren Narkosezwischenfall nach ritueller Beschneidung im Jahre 2011. Stehr führt an seiner Klinik die rituelle Beschneidung seit 2001 nicht mehr durch. Er begründet dies mit dem Grundprinzip ärztlicher Ethik, niemandem zu schaden (*primum nihil nocere* nach Hippocrates und Scribonius). In einer medizinischen Abwägung weist Stehr den Schaden einer Beschneidung nach.

---

125 Spiegel 30/2012: Stehr, M: Unzumutbare Schmerzen: www.spiegel.de/spiegel/print/d-87482746.html

Kommentar: Ein schwerer Narkosezwischenfall ist immer eine Katastrophe und zieht zwangsläufig die Frage nach der Notwendigkeit und der Rechtfertigung des durchgeführten operativen Eingriffes nach sich. Aus medizinischer Sicht erscheint es daher besonders fatal, wenn eine medizinische Indikation für die Operation nicht vorgelegen hat. Bei medizinischen Indikationen wird unterschieden zwischen dringlichen (Notfall), weniger dringlichen und sogenannten Wahleingriffen. Letztere sind nicht bedrohlich, die Operation ist jedoch auf längere Sicht für den Betroffenen sinnvoll. In einer weiteren Abwägung ist dann zu entscheiden, zu welchem Zeitpunkt (in welchem Alter des Kindes) der Eingriff sinnvollerweise erfolgen sollte. Dazu gehört auch die Frage, ob eine Vollnarkose mit ihren seltenen aber möglichen Komplikationen indiziert erscheint. Für die Beschneidung im Kindesalter, die in der Regel einen Wahleingriff darstellt, gilt die Vollnarkose aus kinderchirurgischen Gesichtspunkten eindeutig als indiziert (Leitlinie).

Die ethische Abwägung, ob der medizinische Wahleingriff oder aber die elterliche Auffassung über die Notwendigkeit des Eingriffes diesen rechtfertigen, ist Gegenstand der Debatte. Ist die ärztliche Entscheidung gefallen, den Eingriff medizinisch korrekt durchzuführen, so ist auch die Vollnarkose gerechtfertigt. Insofern ist die Narkose nicht "medizinisch unnötig" so wie Stehr dies interpretiert. Diese Auslegung mag spitzfindig sein, ist aber wesentlich um nicht Äpfel mit Birnen zu vergleichen. Wenn ein Chirurg den Eingriff ethisch rechtfertigen kann, etwa um dem Kind Schmerzen und Komplikationen durch eine unsachgemäß durchgeführte Operation und Schmerzbehandlung zu ersparen, so ist auch die Narkose ethisch nicht nur gerechtfertigt, sondern nach Aufklärung über die möglichen Risiken indiziert.

Ob nun die nichtmedizinische Beschneidung in der Abwägung zwischen Nutzen und Komplikationen einen Schaden darstellt, so wie Stehr es begründet, oder nicht, ist aufgrund der Datenlage, wie oben dargstellt, in der internationalen Ärzteschaft umstritten. Das Kölner Urteil ist entgegen Stehrs Auffassung, wie hier ausführlich diskutiert wird und anhand der Debatte eindrücklich demonstriert wird, keine gute Ausgangsposition um "mit den Religionsgemeinschaften .. nachzudenken".

Ob das Gesetz, so wie es umgesetzt ist, möglicherweise den auch von Stehr erwünschten Dialog erschwert, muss sich noch erweisen. Derzeit scheint das Interesse ihn zu führen schlagartig verschwunden zu sein.

23.07.12 Toleranz und Tabus[126]

Matthias Matussek, Spiegel Autor, kritisiert in seinem Beitrag die "Tendenz eines antireligiösen Vorurteils" und einer "zunehmenden Intoleranz Gläubigen gegenüber". Der gesunde Menschenverstand werde mit dem "gesunden Volksempfinden verschwistert" Er zitiert Habermas, der in einer Diskussion mit Joseph Ratzinger zur Dialektik der Säkularisierung 2004 feststellte, dass das zeitgenössische Bewusstsein "nicht kostenlos in den Genuss der (negativen) Religionsfreiheit" komme. "Die säkulare Gesellschaft müsse

---

126 Spiegel 30/2012: http://www.spiegel.de/spiegel/print/d-87482745.html

lernen, der Religion ihren Wahrheitsgehalt nicht von vornherein abzusprechen". Matussek: "Die Gefahren einer enthemmten Vernunft .. sind gewaltig."

Kommentar: Die antireligiösen Züge der Diskussion nehmen, wie andernorts erörtert, zunehmenden und aggressiveren Raum ein. Der gläubige Katholik Matussek stellt sich auch in anderen Beiträgen als Streiter für das Religiöse an die Seite von Mosebach und Kermani. Er vermeidet jedoch die Frage, wo in der Auslebung des Religiösen in einem säkularen Rechtsstaat, den wir nun einmal (zum Glück) haben, die Grenzen zu ziehen wären. Mit "ein wenig Respekt vor religiös empfindenden Menschen" allein ist der vorliegende Konflikt der Grundrechte sicher nicht zu lösen.

27.07.12 Unter die Haut[127]

Gunda Trepp, Reporterin und Witwe eines Rabbiners äußert in ihrem Beitrag ihre Verwunderung über den Versuch den jüdischen Brauch als barbarischen Anachronismus zu stilisieren, versucht um Verständnis für die Bedeutung des Ritus zu werben. Abschließend verweist sie auf die Zahl in Deutschland misshandelter Kinder.

Kommentar: Die Reflektion der Juden über ihre religiösen Bräuche wird dem kämpferischen Einleitungssatz nicht gerecht. Beschneidungsgegner werden

---

[127]
http://www.spiegel.de/panorama/gesellschaft/beschneidungen-im-judentum-kinderschutz-und-doppelmoral-a-846306.html

sie schlicht übergehen.[128] Die Parallelsetzung mit den misshandelten Kindern ist nachvollziehbar, aber nicht schlüssig. Über Kindesmisshandlung existiert absoluter gesellschaftlicher und juristischer Konsens. Eine Debatte ist diesbezüglich nicht zu führen.

Staat und Religion - Säkularität vs. Aufklärung

Staat und Kirche sind in Deutschland offiziell getrennt. Tatsächlich gibt es aber ein vielen Stellen ein feines Ineinandergreifen beider Institutionen. So existiert ein Kirchenrecht, nach dem das Zusammenleben eines Paares nach Scheidung eines der Partner von seinem früheren Ehepartner einen Kündigungsgrund darstellt. Noch ist der Staat auf die Trägerschaft der Kirchen vor allem im Kindergartenbereich angewiesen. Die Finanzämter übernehmen für die Kirchen das Eintreiben der Kirchensteuer. So gibt es viele Bereiche, in denen Staat und Kirchen zusammenarbeiten. Wegen der abendländlich-christlichen Historie ist das begreiflich und wird, von seltenen Konfliktfällen, abgesehen nicht zum Streitthema.[129]

Der Einfluss der christlichen Kirchen auf die Wertegestaltung und die Kindeserziehung ist in den vergangenen Jahrzehnten gravierend zurückgegangen. Oft gewinnt man den Eindruck, dass das entstandene Wertevakuum nicht immer sinnvoll gefüllt werden

---

128 Diesbezüglich sei die exzellente Schrift "Haut ab" von Alfred Bodenheimer empfohlen. (Wallstein Verlag)
129 Interessanterweise folgte der Beschneidungsdebatte von 2012 Anfang 2013 anlässlich einer Häufung von "Konfliktfällen" eine Thematisierung genau dieses Problemfeldes.

konnte. Auch staatstragende gesellschaftliche Werte wie Solidarität, Toleranz und Gemeinsinn scheinen der zunehmenden Individualisierung zum Opfer zu fallen. Wenn im Rahmen der aktuellen Debatte nun wiederholt von der Aufklärung die Rede ist, ist vor allem Individualität und Säkularität gemeint. Häufig kann nicht entschieden werden, vor welchem Hintergrund der Beschneidungsgegner argumentiert. Steht er für das Ideal der Aufklärung, möchte er Religion und Kirche prinzipiell abschaffen - oder richtet er sich nur gegen die Religion der Juden und der Muslime? Aufklärung meint nach Kant den Ausgang des Menschen aus der selbstverschuldeten Unmündigkeit. Der Mensch möge sich dazu seines Verstandes ohne Leitung eines anderen bedienen. Sapere audere. Es mag richtig sein vor diesem Hintergrund den Einfluss von Religion generell in Frage zu stellen und zu diskutieren, so wie diese Gesellschaft es seit mehreren Hundert Jahren praktiziert. Das Resultat ist ein noch andauernder Prozess. Der hier unternommene Versuch einer "Zwangsaufklärung" zur Rettung der Vorhäute muslimischer und jüdischer Jungen führt Kant ad absurdum.[130] Nur die eigene Erkenntnis führt zur Aufklärung. Das Wort Aufklärung beinhaltet informieren, erklären und nach Kant im erweiterten Sinne Mut machen, nicht jedoch verbieten, drohen, beschimpfen

---

130 Als Vorbedingung fordert Kant Freiheit. Unter dieser Voraussetzung scheint ihm die Aufklärung der Öffentlichkeit „beinahe unausbleiblich". Die Frage „Leben wir jetzt in einem aufgeklärten Zeitalter?" verneint Kant, aber man lebe jetzt in einem Zeitalter der Aufklärung. Besonders in „Religionsdingen" seien die meisten Menschen noch sehr weit davon entfernt, sich selbst ihres Verstandes ohne fremde Leitung zu bedienen (zitiert nach Wikipedia)

und unter Druck setzen. So würde man sich wünschen die selbsternannten Aufklärer nutzten ihre Energie und gingen in die Gemeinden und erklärten und würben und machten Mut die islamischen, die jüdischen Traditionen an diesem Punkt zu verlassen, voller Vertrauen, dass unsere verstandesorientierte Gesellschaft die Menschen auffängt. Menschen mit Einfühlungsvermögen, Toleranz und Ausdauer, die als Vorbild für unsere (offenbar bessere) Gesellschaft dienen könnten. Die Diskussionen im Internet sind kaum geeignet für die Segnungen der Aufklärung zu werben.

Am Rande sei auf die immensen Zeiträume verwiesen, die die katholische Kirche benötigte, um rein inhaltliche Irrtümer zu korrigieren. Das gegen Galileo Galilei gesprochene Urteil der Inquisition aus dem Jahre 1632, wurde erst ab 1979 überprüft. Ende 1992 wurde Galileo rehabilitiert. Als Beispiel für einen Konflikt, der sehr viel eklatanter von gesundheitlicher Bedeutung ist, sei auf die wiederholte Empfehlung des Papstes verwiesen auch in Hochrisikogebieten auf die Verwendung eines Kondomes zu verzichten. Glaubensgemeinschaften bewegen sich im Hinblick auf neue wissenschaftliche Erkenntnisse sehr langsam. Eine Beeinflussung von Meinungen außerhalb des Bereiches ihrer Wahrheitsgewissheit lehnen sie ab. Selbst der Dialog innerhalb einer Glaubensgemeinschaft verläuft in der Regel schleppend. Es ist utopisch zu erwarten eine isolierte nationale Strafgerichtsbarkeit könne unmittelbar Einfluss auf die Veränderung eines religiösen Rituals haben.

Glaube und Wissenschaft

Das Kölner Landgericht hat in seiner Entscheidung die Religion, also die Frage des Glaubens, als dem Recht des Kindes auf körperliche Unversehrtheit nachrangig eingestuft. Die medizinische Indikation als Grundlage für eine Körperverletzung wird - auch in der Diskussion - nie in Zweifel gezogen, kann und darf auch gar nicht in seiner rechtfertigenden Eigenschaft in Frage gestellt werden. Die Religionsgemeinschaften sind nach dem Ethiker Prof. Huber dadurch gekennzeichnet, dass sie über eine Wahrheitsgewissheit verfügen. In diesem Punkt unterscheiden sie sich nicht von den Wissenschaften. Mag auch die säkulare Gesellschaft der Wissenschaft den höchsten Wahrheitsgehalt zuweisen, so ist sie nicht frei von Irrtümern. Freilich ist sie der rationalen Diskussion per se zugewandt und somit immanent der fortlaufenden Korrektur unterworfen, bzw. Wissenschaft speist sich aus der Korrektur.

Die wissenschaftliche Wahrheitsgewissheit ist somit eine provisorische. Auch die Medizin ist voller Irrtümer und damit die Frage der medizinischen Indikation. In einigen Fällen gleicht die Frage über das medizinische Vorgehen geradezu einem Glaubenskrieg. Die Fachdisziplinen glauben naturgemäß an den Vorzug ihrer Methode, die operierenden Fächer bevorzugen in der Regel ein operatives Vorgehen. Der Glaube wird zudem zusätzlich beeinflusst von wirtschaftlichen Faktoren. (Hohe Fallzahlen mit kurzer Verweildauer führen zu höheren Erlösen; sie resultieren nicht unbedingt in höherer Qualität, sondern auch im Anreiz großzügiger zu behandeln.)

Jenseits aller Versuche durch Leitlinien Therapie-prinzipien festzulegen, gibt es Grauzonen zwischen gesund und krank, Uneinigkeiten über die Wahl der Therapie, die nicht nur im Falle der Beschneidung an Glaubenskriege erinnern. Die Einschätzung der Be-handlungsbedürftigkeit und die Entscheidung über die Therapiemöglichkeiten unterliegen dem subjektiven Ermessen des Arztes, der im besten Wissen und ge-mäß seiner Erfahrung dann "glaubt" richtig zu beraten und zu behandeln. Es gab und es gibt Kollegen, die sind vom medizinischen Nutzen der Beschneidung überzeugt, sie werden immer großzügig im Sinne einer Operation entscheiden.

So kann eine im religiösen Glauben verankerte Indikation wesentlich eindeutiger sein, als die ver-meintlich rational-wissenschaftliche medizinische Indi-kation.

Dieser Aspekt kann und soll nicht dazu dienen die rituelle Beschneidung zu rechtfertigen, aber er sollte die Einseitigkeit einer vermeintlich rationalen Argumentation relativieren und zu einer gemäßigten Nachdenklichkeit anregen. Auch wir aufgeklärten Säkularen glauben nur, dass wir das Richtige tun und die richtige Meinung vertreten. Ein Blick in die politi-sche Kultur beweist, dass die Wahrheiten mitunter weit auseinander zu liegen scheinen und was gestern noch richtig war, ist heute falsch.

Nun ist sich eine große Anzahl Deutscher sehr gewiss, dass das Universalrecht auf körperliche Un-versehrtheit einen Absolutheitsanspruch habe, als zwangsläufige Wahrheit, da rational herleitbar, aner-kannt und vor allem durchgesetzt werden müsse um die eigene pseudoreligiöse Gewissheit nicht zu verlet-zen oder zu verlieren. Religion ist demnach ersetzt worden durch etwas anderes: Glaube an die eigene Vorstellung eines Rechtsstaates, an das Individuum, an den (eigenen) Verstand. Geht uns der Glaube an das Kollektiv, an eine höhere verbindende Instanz, an eine Wahrheit jenseits des Individuums verloren? Sind wir gar neidisch auf Merkmale (und seien sie noch so irrational), die eine offenkundig stark identitätsstiftende Macht besitzen, ein Gruppenzugehörigkeitsgefühl jenseits des Verstandes herzustellen imstande sind, das uns mittlerweile mangelt?

Die Komikernation: Das Problem der Beschneidungsgegner

Bereits in den achziger Jahren des letzten Jahrhunderts, auf dem Gipfel der Beschneidungsrate hat sich in den USA eine Strömung entwickelt, welche die routinemäßig durchgeführte Neonatalbeschneidung hinterfragt und zunehmend mit Informationsseiten im Internet bekämpft (so v.a. die am 15.03.1986 in San Franzisko gegründete National Organisation of Circumcision Information Resource Center NOCIRC[131]). Die Internetseiten von NOCIRC verfügen über zum Teil ausgedehnte Bibliographien und Artikel, die ansonsten über das Internet nicht ohne weiteres zugänglich sind. Die vorsortierten Quellen werden relativ einseitig interpretiert. So werden selbst klare medizinische Begründungen für die Beschneidung relativiert und es wird behauptet, dass so gut

---

131 www.nocirc.org/

wie immer auf eine vollständige Beschneidung verzichtet werden kann. Abgesehen davon, dass Teilbeschneidungen bzw. plastische Erweiterungsoperationen eine höhere Komplikationsrate aufweisen und die Nachbehandlung für viele Jungen schmerzhaft und unerfreulich ist, gibt es Erkrankungen der Vorhaut, bei denen nur die vollständige Entfernung der Vorhaut eine Heilung sicherstellt.[132]

Selbst in den Diskussionsseiten bei Wikipedia über die einschlägigen Begriffe: Beschneidung und Phimose war und ist regelmäßig eine ausgesprochen hitzige und teilweise beleidigende Auseinandersetzung nachzulesen.

Dabei sind die elementaren Argumente der Gegner durchaus überzeugend. In ihrem Kampf um die Abschaffung des ungeliebten Rituals neigen sie jedoch zur Übertreibung und reagieren auf jegliche Form der Relativierung mit heftigen polemischen und z.T. diffamierenden Attacken. Es ist nicht so recht nachvollziehbar, woher die Emotionalität rührt, mit der dieser Kampf geführt wird. Auch die oft auszumachende selektive Wahrnehmung und Auswertung wissenschaftlicher Quellen diskreditiert die Gruppe der erklärten Beschneidungsgegner im wissenschaftlichen Diskurs. Zur Illustration folgen einige Beispiele:

Beschneidungsgegner betonen in ihrer historischen Einleitung zu den Ursprüngen der Beschneidung den Aspekt der "Sklavenbeschneidung". So zeigt sich oft bereits im Einleitungssatz eines Essays die Haltung des Autors.

---

132 Becker,K.: Lichen sclerosus bei Jungen: Dtsch Arztebl Int 2011; 108(4): 53-8; DOI: 10.3238/arztebl.2011.0053; www.aerzteblatt.de/archiv/80526/

Beispiel aus der "Geschichte der Beschneidung" auf "www.geburtskanal.de", einer Seite, auf die von der Bundeszentrale für gesundheitliche Aufklärung (BfgA) verwiesen und die als Quelle für Wikipediaartikel verwendet wird:

"Es wird vermutet, dass die ägyptischen Priester von den beschnittenen Penissen nubischer Sklaven beeindruckt waren. Daher führten sie die Beschneidung auch in Ägypten ein. Die Juden lernten dann dort diese Praktik. Unter dem Diktat von Moses wurde die Beschneidung von Neugeborenen ("milah") zur Pflicht. Bis ins zweite Jahrhundert wurde diese Beschneidung in einer weniger radikalen Form durchgeführt. Dann wurden Fälle bekannt, dass sich Männer in ähnlicher Weise wie das heute wieder aktuell ist, ihre Vorhaut wiederherstellten. Um das in Zukunft zu verhindern, wurde die verschärfte Praktik des "Parijah" eingeführt. Dabei trennt der "Mohel" seinem schreienden Opfer schließlich mit seinem geschärften Daumennagel auch noch die innere Hautschicht ab. Heute werden oft "moderne" Instrumente dafür benutzt. "

Die Analyse des Sprachstiles verdeutlicht rasch die Position der Autoren. Es stellt sich auch hier die Frage, warum das so ist. Die Fakten alleine würden reichen um die objektive Fragwürdigkeit des Eingriffes zu dokumentieren. Die tendentiöse Konnotierung macht die Texte unseriös, aber offenbar zugänglicher für eine Emotionalisierung bereits voreingenommener Leser.

Beispiel zwei: Dramatisierung der Folgen einer Beschneidung:
"Brüche in der emotionalen Wahrnehmung und Empathiefähigkeit" mag als Folge der Erfahrung "elterli-

cher Gewalt" erforscht sein, ein hier hergestellter Zusammenhang mit der Beschneidung existiert jedoch nicht.[133]

Beispiel drei: Verschweigen des nachgewiesenen Nutzens der Beschneidung. Es wird regelmäßig betont, dass der Schutz vor HIV vor allem in Afrika und erst im Erwachsenenalter relevant sei. Daher könne die Einwilligung des Patienten selbst abgewartet werden. Darüber werden die im Jungenalter regelmäßig auftretenden Erkrankungen, die durch die Beschneidung vermieden können, ignoriert.

Die Kernargumente der Gegner in der deutschen Debatte lassen sich im Wesentlichen auf folgende Bereiche zurückführen:

1. Der medizinische bzw. gesundheitliche Bereich. Die Hippokratiker.

Für einen Beschneidungsgegner zählt der Eingriff als "Verstümmelung". Ein möglicher Nutzen wird ignoriert oder relativiert. Angesichts der trotz über dreißigjähriger Forschung auf diesem Gebiet unverändert nicht eindeutigen Datenlage kann eine feste wertende Aussage jedoch nur als Hypothese, bzw. im Konjunktiv getroffen werden. Nicht umsonst beschränken Mediziner im internationalen Rahmen die Auseinandersetzung auf die interne Diskussion und äußern sich in offiziellen Stellungnahmen zurückhaltend differenziert. Die von den deutschen fachärztli-

---

133 Franz: Ritual, Trauma, Kindeswohl, FAZ 09.07.2012

chen Spezialisten teilweise vorgetragene Betonung der größten anzunehmenden Komplikationen und Folgeschäden ist eine Extremposition, die in diesem Fall Probleme schafft, da sie als Fundament für die weitere Wertung in allen anderen Bereichen herangezogen wird.

Auf der anderen Seite zeigt sich eine eher oberflächliche Darstellung der Operation ("harmloser Eingriff") der medizinischen Aspekte der Beschneidungsbefürworter, die umgehend zum nicht unberechtigten Vorwurf der Gegner führt, der Eingriff werde bagatellisiert, und damit die eigene Position festigt.

2. Die Verfassungsschützer.

Die juristische Einordnung, sowohl im Strafrecht, als auch in den Grund- und Kinderrechten ist von der Frage nach dem Kindeswohls abhängig. Das Kindeswohl ist um so klarer eingeschränkt, je drastischer die medizinischen Folgen dargestellt werden. Nur mit der notwendigen Annahme gravierender Folgen und Komplikationen konnte die weitere strafrechtliche Bewertung stringent und überzeugend erfolgen. Das verfehlte seine Wirkung nicht. Es war daher sinnvoll die rituelle Beschneidung gesetzlich zunächst aus dem Strafrecht herauszuholen - auch wenn die verfassungsrechtliche Bewertung vorläufig offen bleibt. Ausgewiesene Freunde Israels schlagen sich in diesem Fall des Konfliktes der Grundrechte auf die Seite der Verfassung. Für weniger religiöse Menschen ist der Geltungsbereich der körperlichen Unversehrtheit und der Selbstbestimmung ein höheres Gut als die Religionsfreiheit. Dieser Konflikt ist verständlich, nachvollziehbar und begründet in der Akzeptanz einer pluralistischen Wertegemeinschaft die Notwendigkeit einer weiteren Beschäftigung mit dem Thema.

3. Die Säkularisten.

Zwei Pfeiler leiten die Debatte. Eine Säule fusst in einer inzwischen jahrzehntelang andauernden religiösen Arrosion, erkennbar am steten Fluss der Kirchenaustritte. Angesichts eines Konfliktes, der nicht unmittelbar die eigene kulturreligiöse Herkunft betrifft, kristallisiert sich eine Ablehnung jeglicher nicht rational zu begründender religiöser Handlung heraus. So wird durchaus auch gefordert nun die Taufe in ein religionsmündiges Alter zu verschieben. Im Namen einer falsch verstandenen Aufklärung wird versucht das fremde religiöse Leben zu zwangssäkularisieren. Auffällig ist neben der Vehemenz und der Größe dieser Strömung der Mangel an Toleranz und Sensibilität den Gläubigen gegenüber, die als "religiöser Analphabethismus" bezeichnet wurde. Die Juden müssen nun nicht nur ihren Glauben, sondern auch ihren Ritus erklären. Beide christlichen Kirchen haben die Folgen einer solchen gesellschaftlichen Entwicklung erkannt und sich sehr schnell in seltener Einmütigkeit auf die Seite der Schwesterreligionen geschlagen.

Die zweite Säule entspringt einer Ignoranz des religiösen Wesens seit Jahren neben uns lebender Volksgruppen. Das Unverständnis wird deutlich an den wiederholt vorgetragenen Aussagen, was einer

Religionsgemeinschaft zu zumuten ist, und was nicht, bei gleichzeitiger Betonung, dass man sie und die freie Religionsausübung respektiere.

Der Philosoph Habermas sieht an dieser Stelle eine Grenze. "*So darf auch die Mehrheitskultur ihre Mitglieder nicht in der bornierten Vorstellung einer Leitkultur gefangen halten, die sich eine ausschliessende Definitionsgewalt über die politische Kultur des Landes anmasst. In seinem Urteil über die Zulässigkeit der Beschneidungspraxis von Muslimen (und Juden) verkennt das Kölner Landgericht, dass zusammen mit den eingebürgerten Muslimen «auch der Islam zu Deutschland gehört». – In der Rolle von demokratischen «Mitgesetzgebern» gewähren sich alle Staatsbürger gegenseitig den grundrechtlichen Schutz, unter dem sie als Gesellschaftsbürger ihre kulturelle und weltanschauliche Identität wahren und öffentlich zum Ausdruck bringen können. Dieses Verhältnis von demokratischem Staat, Zivilgesellschaft und subkultureller Eigenständigkeit ist der Schlüssel zum Verständnis der beiden einander ergänzenden Motive, die Säkularisten und Multikulturalisten fälschlich für unvereinbar halten. Das universalistische Anliegen der politischen Aufklärung erfüllt sich erst in der fairen Anerkennung der partikularistischen Selbstbehauptungsansprüche religiöser und kultureller Minderheiten.*"[134]

4. Die Mütter.

Die Empathielosigkeit, die ihren Sohn beschneiden lassenden Eltern vorgeworfen wird, entbehrt in der Praxis jeder Grundlage. Im Gegenteil ist die Situation der Beschneidung für die Eltern durchaus konfliktiv. Ein Ausscheren entspricht jedoch dem drohenden

134 Habermas: Wie viel Religion verträgt der liberale Staat v. 06.08.12: http://www.nzz.ch/aktuell/feuilleton/literatur-und-kunst/wie-viel-religion-vertraegt-der-liberale-staat-1.17432314

Identitätsverlust sowohl der Eltern, als auch antizipativ des Sohnes und erfordert das Opfer der Beschneidung.

Vor allem für außenstehende Frauen ist die Vorstellung dem eigenen Kind scheinbar willkürlich Schmerzen zufügen zu lassen schwierig bis unerträglich. Ein Bespiel ist die SPD-Abgeordnete Marlene Rupprecht. Das eigene Empathieverständnis dem Kind gegenüber resultiert in der Vorstellung von fehlender Empathie bei den betroffenen Eltern. In dieser Schlussfolgerung kann jedoch ebenfalls mangelnde Empathie - nur diesmal den aus fremden Motiven heraus agierenden Menschen festgemacht werden. Echte Empathie ließe den oben geschilderten Konflikt nachempfinden. Der Versuch Putzkes sein strafrechtliches Verbot der Praxis als "Hilfe" für die empathischen Eltern durchgehen zu lassen, widerlegt Herzberg in einem seiner jüngeren Artikel[135], indem er nun erkennt, dass die Eltern auch leiden, wenn ihr Sohn nicht beschnitten wird, da ihm ein fundamentales religiöses Recht, eine konstitutive Pflicht untersagt werden soll.

Darüber hinaus müssen zumindest in einigen Fällen nicht eindeutig benannte, hinter der rationalen Argumentation liegende Befindlichkeiten angenommen werden.

---

135 http://www.zis-online.com/dat/artikel/2012_10_705.pdf

5. Die Angst vor Überfremdung.

"Ich habe nichts gegen Fremde. Einige meiner besten Freunde sind Fremde. Aber diese Fremden sind nicht von hier.[136]"

Jenseits aller Beteuerungen, es gehe um das Wohl kleiner Jungen, entfaltet auch dieser Konflikt, wie viele weitere vorhergehende, vor dem Hintergrund eines Gefühls der Überfremdung gesehen werden. Mittlerweile als selbstverständliche Wahrheit empfundene Werte unserer Gesellschaft werden durch Traditionen unter uns lebender Kulturen in Frage gestellt. Die nicht der eigenen Kulturgeschichte entspringenden Werte werden als fremd wahrgenommen. Anpassungen "unserer" gesellschaftlicher Regeln, die wir als richtig erachten, an solche der Minderheiten stehen wir ablehnend gegenüber. Das betrifft unsere Auffassung von Meinungsfreiheit ebenso, wie die Gleichberechtigung von Mann und Frau und nun die rituelle Beschneidung. In einer pluralistischen Gesellschaft muss die Grenze der Toleranz auf beiden Seiten im Dialog täglich neu austariert werden. Dieser Dialog wird noch zu wenig geführt. Auch wenn das Beschneidungsthema offenbar für die Mehrheit als exemplarisch für die subjektiv empfundene Toleranzgrenze steht, eignet es sich aufgrund seiner Komplexizität dafür gerade nicht. Außerdem war dieses Thema in Deutschland bis Ende Juni diesen Jahres kein Thema. Es ist von einigen Wenigen dazu gemacht worden.

---

136 Methusalix in: Asterix und das Geschenk Cäsars

6. Ressentiments gegen eine oder beide der betroffenen Religionsgruppen.

Vor allem im Internet wird aus Antisemitismus und Islamophobie teilweise kaum ein Hehl gemacht. Davon ausgehend, dass zumindest dieser rassistische Standpunkt von einer Mehrheit abgelehnt wird, erfordert die Diskussion gerade deswegen eine differenzierende Sensibilität, die ihr bedauerlicherweise weitgehend fehlt. So werden entsprechende Tendenzen einerseits in die Debatte hineingewebt und können andererseits dort auch herausgelesen werden. Das tut einer objektiven Analyse eines solchen grundsätzlich diskussionswürdigen Konfliktes nicht gut.[137]

7. Unkenntnis über das Wesen und die Kultur der anderen.

Was ich nicht weiß, macht mich nicht heiß.

Allein die Tatsache, dass die rituelle Beschneidung bis Ende Juni in Deutschland in der breiten Öffentlichkeit kein breites Thema war, zeigt die offenkundige Unkenntnis über die uralten Traditionen unter uns lebender Mitbürger. Man kann jedoch nicht mit Menschen in einen konstruktiven Dialog treten, von denen man nichts weiß. Dies gilt in gleicher Weise für

---

137 Ausführlich befassen sich Cetin, Wolter und Voss in "Interventionen gegen die deutsche Beschneidungsdebatte", Assemblage 2012 mit diesem Aspekt

die muslimischen Immigranten. Auch daran krankt die ganze Debatte.

Sollte die Unkenntnis hingegen so groß gar nicht gewesen sein, stellt sich zwangsläufig die Frage, warum das Thema so plötzlich eine derartige Dynamik entfalten konnte. Befanden wir uns alle im kollektiven Verbotsirrtum und erst das medial aufbereitete "Wissen" ermöglichte die sprichwörtliche emotionale "Hitze"?

Warum die Aufregung ?

Symptomatisch für die Debattenkultur der Beschneidungsgegner ist der "Offene Brief" von Professor Matthias Franz, Psychosomatiker an der Universität Düsseldorf. [138] Bereits im Titel wir mit der sublimen Wirkung von Begrifflichkeit gearbeitet und die Beschneidung ohne weitere Begründung als "Gewalt" definiert. Typisch ist auch der mehrfache Widerspruch zu den eigenen Thesen. Da wird Sachlichkeit und Wissenschaftlichkeit in der Debatte gefordert. Der eigene Brief ist jedoch weder sachlich, noch wissenschaftlich. Allein die Aussage: "*Sämtliche angeführten medizinisch prophylaktischen Gründe .. lassen sich - wenn vom Betroffenen gewünscht - durch eine Beschneidung im einwilligungsfähigen Alter realisieren*" ist unzutreffend, da es Vorhauterkrankungen im Kindesalter

---

138 Matthias Franz: Religionsfreiheit kann kein Freibrief für Gewalt sein. FAZ 21.07.12
http://www.faz.net/aktuell/politik/inland/beschneidungsdebatte-aerzte-und-juristen-plaedieren-gegen-die-beschneidung-11827596.html

gibt, die bei beschnittenen Jungen nicht oder viel seltener auftreten. Es wird eine "Empathieverweigerung" den Jungen gegenüber konstatiert, aber nicht spezifiziert, wem diese zuzuordnen ist. Volkes Stimme tendiert eher und durchaus lautstark zur Position von Franz, ebenso seine unterzeichnenden Verbündeten. Es verbleiben an veröffentlichten Gegenpositionen demnach die eine Gesetzeslösung fordernden Politiker, die sehr nachdenklich und vielschichtig diskutierenden Autoren in renommierten Medien und die Menschen aus den betroffenen Religionsgruppen, denen die Empathie abgesprochen wird, was in dem Satz mündet "Man tut Kindern nicht weh". Der Satz selber und der Umstand, dass ein solcher Satz von so vielen Akademikern unterschrieben wurde, spricht gegen eine sachliche Grundhaltung. Im Gegenteil soll (auch durch Formulierungen wie "kleine Jungen", denen "erhebliches Leid zugefügt wird") auf eine Emotionalisierung hingearbeitet werden. Schließlich gipfelt der Brief in der Forderung nach der Förderung von "wechselseitigem Verständnis". Verständnis den Religionen gegenüber ist dem Brief an keiner Stelle zu entnehmen, vielmehr wird mit drohendem Impetus und pseudowissenschaftlich unterfüttert einseitig Verständnis von Juden und Muslimen gefordert.

Mit Verlaub gesagt, das ist grober Unfug. Alfred Bodenheimer hat unter anderem dieser Brief zu seinem jüngst erschienenen Essay "Haut ab" getrieben. [139] Er konstatiert einen Paradigmenwechsel im Verhältnis zu den in Deutschland lebenden Juden, ein "Restrangement" genanntes Wiederfremdwerden. Das Judentum sehe sich aus der "europäischen christ-

---

139 Alfred Bodenheimer: Haut ab. Wallstein 2012.

lich-jüdischen Leitkultur"[140] herausgekegelt und in die Nähe der mit ganz anderen Integrationsproblemen behafteten muslimischen Minderheit gestellt.

Ein weiterer bemerkenswerter Wesenszug in der Diskussionskultur der Gegner, die sich in Reinkultur in den Internetblogs, aber durchaus auch in den seriösen Artikeln der Printmedien finden lässt, ist die Diffamierung der sogenannten Beschneidungsbefürworter als empathielos, unaufgeklärt und zurückgeblieben. Den Betroffenen werden archaische Barbarei, fehlende Ethik, elterliche Gewalt bis hin zur Kindesmisshandlung vorgeworfen und schlimmer noch: ihnen wird das Recht auf Teilhabe am Diskurs entzogen. Schließlich wird ihnen die Unsachlichkeit vorgehalten, die nun nachweislich ein Attribut der Beschneidungsgegner ist. Im Gegenteil versuchen die Verteidiger des Rituals (zumindest des jüdischen) alles um ihre Haltung transparent, ihre Kultur erklärlich zu machen. Der aggressive Grundton, die Diffamierung des Gegenübers ist bei ihnen kaum festzustellen.

Am deutschen Wesen soll die Welt genesen?

Wenn es wirklich um das Wohl und Wehe der Jungen ginge, dann müsste der intelligente aufgeklärte Mensch der deutschen Mehrheitsgesellschaft das Gesetz und die Argumentation der Bundestagsabgeordneten begrüßen, da der operative Eingriff zunächst von der Unsicherheit der Straße in die Sicherheit einer professionellen medizinischen Versorgung ge-

---

140 aus dem Positionspapier des CDU Bundesvorstand November 2010, zitiert nach ebd. S. 16

holt wird. Auf dieser Basis kann und darf dann weiterdiskutiert werden.

Es konnte oben gezeigt werden, dass es darum nicht geht. Aus vielfältigen Gründen geht es tatsächlich darum ein Prinzip durchzudrücken - egal mit welchen Folgen für die Jungen. Es ist Heuchelei das Kindeswohl im Prinzip in den Vordergrund zu stellen, wenn klar ist, dass die Durchsetzung des Prinzips dem Kindeswohl faktisch zuwiderläuft.

Die erstaunliche Gewissheit, mit der die Deutschen für sich das Grundgesetz, die Menschenrechte und das Kindeswohl interpretieren, gipfelt in dem zynischen Anspruch die Deutungshoheit auch auf ihnen völlig fremd gebliebene Religionen ausdehnen zu wollen.

"Wenn die Volksseele allzeit bereit
Richtung Siedepunkt wütet und schreit...[141]"

Der Mehrheitsdiskurs

Der Sarazzineffekt

Bereits die Sarazzindiskussion hat gezeigt, dass Deutschland sich leicht mehrheitlich erregen lässt, wenn nur jemand vermeintlich wissenschaftlich belegt, was einem intuitiv immer schon klar war: Das Problem, welches die Anderen für uns sind.

Bei Sarazzzins "Deutschland schafft sich ab", lag der Schwerpunkt im Kinderreichtum der muslimischen Migranten. Viel ergiebiger wäre doch die Ana-

---

141 BAP: Kritstallnaach

lyse der Kinderarmut der Deutschen gewesen. Welche soziokulturellen Entwicklungen (Defizite?) triumphieren über die biologische Urgewalt der Fortpflanzung? Nein, es wird jenseits einer durchaus sinnvollen Integrationsdiskussion auf einer Minderheitsgesellschaft herumgehackt, die offensichtlich noch nicht an Fortpflanzungsphobie leidet. Bei aller Kritik ist kaum jemandem aufgefallen, dass das Pferd hier von hinten aufgezäumt wurde.

Im Fall der rituellen Beschneidung wurde ein relevanter potentieller interkultureller Konfliktpunkt willkürlich über einen fachjuristisch strafrechtlichen Standpunkt vor das Volkstribunal gezogen und das Volk ergab sich willig und proaktiv dem multimedialen Prozess.

"Das hat natürlich Gründe und diese Gründe bestehen kaum in einem objektiv schlüssigeren Ansatz der Beschneidungsgegner, sondern in der Inkompatibilität der Ansätze, Ziele und Vorstellungen"[142]

und die Befürworter..?

Die Befürworter der medizinisch begründeten Beschneidung argumentieren meist weniger temperamentvoll, wenngleich ähnlich einseitig.[143]
Vor allem die kindliche Selbstbestimmung wird ignoriert oder in grotesker Weise konterkariert. So votiert eine Gruppe Mediziner aus dem angelsächsischen Raum für die Neonatalbeschneidung, da die

---

142 Bodenheimer: Haut ab, S. 24
143 (http://www.nocirc.de/myths_and_lies2.html).

Bereitschaft älterer Jungen und junger Männer sich für den Eingriff zu entscheiden wohlmöglich gering ausgeprägt sein könnte.[144]

In der deutschen Diskussion spielt die Auffassung einer medizinisch begründeten prophylaktischen Beschneidung keine Rolle. Es gab zwar auch in Deutschland Zeiten und Regionen, in denen diese angloamerikanische Sichtweise propagiert wurde.[145] Spätestens seit den 90er Jahren gilt jedoch europaweit das Primat einer vorhautbewahrenden Medizin. Die aktuellen ärztlichen "Beschneidungsbefürworter" sind eher "Dulder". Sie neigen dazu den Eingriff zu verharmlosen und beweisen oft einen nur geringen Kenntnisstand über die tatsächlich beschriebenen Folgen (im Gegensatz zu ihren bestens informierten Kontrahenten). Auf der anderen Seite verfolgen viele Eltern und Journalisten die Debatte eher distanziert und beurteilen sie differenziert. Es fehlt ihnen indes an Leidenschaft ihre gemäßigte Position lautstark öffentlich zu vertreten. Insofern nimmt es nicht Wunder, dass Entscheidung und Diskussion des Parlamentes in dieser Frage als volksfern erlebt werden.

Beide Seiten sollten sich bemühen sich ihrer Motive bewusst zu werden, sich gegenseitig zuhören, ernst nehmen, respektieren und dann das Gespräch beginnen. Die Beschneidung war jahrzehntelang kein Problem. Da kommt es auf ein paar Jahre mehr jetzt auch nicht an. Das (auch den Gesetzen innenwohnende) Ziel muss doch sein, gemeinsam friedlich in Deutschland zu leben und miteinander weiter an

---

144 Morris et al: A "snip" in time. BMC Pediatrics 2012.
145 Eine späte Reaktion darauf ist der etwas bemüht wirkende Roman "Der Schnitt" von Lukas Stoermer.

diesem Staat zu bauen. Wir sollten den Ehrgeiz besitzen einen solchen Konflikt diskutieren zu können ohne in aller Öffentlichkeit die Beteiligten zu diskreditieren.

Folgen der Diskussion in der Praxis

In unserer kinderchirurgischen Praxis wurde bereits in den Jahren vor dem Kölner Urteil eine "intensive Aufklärung und Beratung" für die muslimischen Familien, die eine rituelle Beschneidung ihrer Söhne planten, durchgeführt. Im Gegensatz zu der Auffassung von Herrn Putzke führte dies in den seltensten Fällen dazu, dass die Beschneidung zumindest verschoben wurde. Wer die Diskussion verfolgt hat, wird unschwer erahnen, dass die Bereitschaft und auch die Fähigkeit die säkular-individualistische Argumentation nachzuvollziehen bei den Betroffenen eingeschränkt ist. Auch für die weniger religiösen Familien ist die Tradition der Beschneidung ein integraler Bestandteil ihrer Welt, wie Necla Kelek schlüssig darlegt.[146] Einige wenige Muslime oder auch Familien mit Eltern unterschiedlicher Religion lassen sich immerhin auf die Diskussion ein.

Wir haben uns mit diesen Gesprächen regelmäßig sehr viel Mühe gegeben, daher wissen wir, dass es völlig absurd ist, wie Herr Putzke glaubt, dass die Muslime ein Verbot der Beschneidung akzeptieren oder gar begrüßen würden. Sie verstehen es gar nicht. Für die Mehrheit ist das Gebot der Beschnei-

---

146 Kelek, Necla: Die verlorenen Söhne.

dung Gesetzespflicht, auch wenn sie deren Grundlage gar nicht kennen. Sie wissen oft nicht, dass es nicht auf den Koran, sondern auf die Sunna zurückgeht. So stehen wir vor der Aufgabe Ihnen Ihre religiösen Riten transparent zu machen und sie im selben Zuge mit den Gedanken vom Persönlichkeitsrecht der Selbstbestimmung zu konfrontieren. Die meisten Familien haben keinerlei Unterstützung in diesem Prozess, den sie durchaus zuweilen hinterfragen. Weder durch ihre Gemeinde, noch durch die deutsche Diskussion, die völlig an ihnen vorbeiging. Wir sind der Aufgabe eine umfassende und verständliche Aufklärung zu betreiben letztlich nicht gewachsen, aber wir scheinen eine der wenigen Schnittstellen der Kulturen zu sein, die sie überhaupt durchführen. Schließlich entscheidet der häufig auch explizit formulierte Wunsch, wir mögen die Jungen beschneiden, da es alternativ in den Heimatländern unter Bedingungen stattfinden würde, an die der Vater sich noch erinnert, und die er sich für seinen Sohn nicht wünscht. Insofern ist diese Entwicklung als Schritt in die richtige Richtung zu betrachten - weg von der Notwendigkeit des Schmerzerlebens, weg vom Focus auf das Familientreffen (s. Kelek). Die Frage ob der Eingriff überhaupt erforderlich sei, überfordert indes zumindest vorläufig die Familien. "Wir müssen das doch machen lassen" lautet ein häufig gemachter Ausruf, wenn man die Operation in Frage stellt. Die muslimischen Eltern stehen unter einem gewaltigen sozialen Druck. Die Beschneidung des Sohnes müsse nun bald erfolgen, der Großvater dränge und habe bereits erklärt, dass er das übernehme, wenn der Enkel das nächste Mal zum Sommerbesuch in die Türkei käme. Die Eltern wollten den Eingriff aber zum Wohle ihres

Sohnes lieber in Deutschland und in Narkose vornehmen lassen.

Selbst "aufgeklärte" laizistische Türkinnen verstehen die Diskussion um die rituelle Beschneidung nicht. Sie halten sie für typisch deutsch. Es wird erkennbar, dass die Aufgabe der traditionellen Beschneidungspraxis einer der letzten Steinchen -noch nach der Religion- im Mosaik der Integration und Assimilation sein wird. Die muslimischen Familien gingen 2012 gelassen mit der juristischen Situation um. Sie gingen davon aus, dass in absehbarer Zeit eine gesetzliche Regelung erfolgen würde, und warteten ab.

Nach einer anfänglichen Häufung der telefonischen Anfragen in unserer Praxis, "ob wir denn die rituelle Beschneidung noch durchführen würden", ist es an der Anmeldung ruhiger geworden. Parallel dazu werden uns Jungen vorgestellt, die auswärts unter lokaler Betäubung beschnitten wurden, und die Eltern verunsichert sind, "ob das denn alles so seine Richtigkeit habe". Auch unsere Recherchen ergaben, dass zunehmend Kollegen (keine Kinderchirurgen) die Beschneidung v.a. bei Säuglingen in Lokalanästhesie durchführen. Aus kinderchirurgischer Sicht ist das sicher ein Schritt zurück, wenngleich er zu erwarten war. Auf diese Problematik angesprochen, erwiderte Herr Putzke bereits 2008, das sei nicht sein Problem und ändere nichts an der juristischen Position. Letzteres ist unbestritten, verdeutlicht aber eine enorme Unkenntnis des orientalischen Weltbildes. Damit eng verbunden bleibt die Frage nach dem Kindeswohl, welches konkret, prinzipiell oder juristisch betrachtet unterschiedlich geschützt werden kann und muss. Wir haben seit Mai viele intensive Gespräche mit

Familien muslimischen Ursprungs, aus der Türkei, dem Maghreb, Afghanistan, dem Kosovo, Bosnien, Irak usw. geführt. In einigen Fällen konnte der dem Urteil innewohnende Gedanke der kindlichen Selbstbestimmung nachvollzogen werden, in keinem Fall war eine Erkenntnis oder gar Erleichterung festzustellen, dass der Sohn nun nicht beschnitten werden müsse, da dies in Deutschland nun "verboten" sei. Mit Veröffentlichung des Gesetzesentwurfes gingen dagegen die ersten Anfragen wieder ein, da "die Beschneidung ja nun wieder erlaubt sei".

Die Diskussion ändert auch den Gesprächs- und Beratungsbedarf der aus medizinischen Gründen zu operierenden Jungen und ihren Eltern, die teilweise verunsichert reagieren, wenn eine Beschneidung unumgänglich ist. In den Jahren vor dem Urteil zeigte sich bei den Eltern eine Tendenz hin zur vollständigen Beschneidung - möglicherweise durch den Einfluss von Islam und den USA. Ähnlich wie die Intimrasur einerseits hygienisch und andererseits ästhetisch begründet wurde, häuften sich die Argumente, v.a. einiger Mütter, der beschnittene Penis sei ästhetischer und sauberer. Es erübrigt sich zu bemerken, dass diese Argumentation unsererseits zurückgewiesen wurde und allenfalls als Entscheidungshilfe für die Art der Beschneidung bei vorhandener und eindeutiger medizinicher Indikation gelten konnte. Diese Sichtweise scheint einer etwas größeren Skepsis gewichen zu sein - wobei die meisten (nichtmuslimischen) Eltern, obwohl ihre Söhne betroffen sind, die Diskussion und die Argumentation nur oberflächlich verfolgten.

Unbeeindruckt zeigen sich interessanterweise wegen Phimose beschnittene Väter, die bislang durchgängig über keinerlei Beschwerden berichteten. Lediglich zwei Väter erzählten, sie hätten sich als Jugendliche unter unbeschnittenen Jungen stigmatisiert gefühlt (Früher ein Hauptargument für die Teilbeschneidung).

Eigene Position

Ich habe 1993 mit meiner kinderchirurgischen Facharztausbildung in einer Kinderklinik begonnen. Beschneidungen machten zwar einen relativ großen Anteil an den kinderchirurgischen Operationen aus, wurden aber als "kleine" Eingriffe tageschirurgisch bzw. ambulant durchgeführt. Gedanken machte man sich um die Versorgung von Kindern mit schwereren Erkrankungen und größeren Operationen. Allerdings war die Beschneidung ein guter Einstieg in die subtilen Operationstechniken der Kinderchirurgie und somit für die Ausbildung gut geeignet. Der junge Assistent lernte unter Anleitung den sorgsamen Umgang mit dem kindlichen Gewebe, das Nähen und verletzungsarme Präparieren. Die Indikation zur Beschneidung, in der Regel "Phimose" (Vorhautverengung), wurde bei muslimischen Kindern zu Beginn sehr großzügig gestellt. Ethische Überlegungen gab es nicht. Erst um die Jahrtausendwende wurden zunehmend Jungen vorgestellt, bei denen definitiv keine operationswürdige Diagnose vorlag, die Beschneidung aber explizit erwünscht war. In den Jahren zuvor müssen diese Jungen noch auswärts operiert worden sein. Außerdem existierte im Umkreis seinerzeit noch eine Geburtsklinik, die die Neonatalbeschnei-

146

dung anbot und daher vor allem im arabischen Umfeld beliebt war.

Es stellte sich die Frage der Kostenübernahme, da ein Eingriff ohne medizinischen Grund nicht über die Krankenkassen abgerechnet werden konnte. Für einen moderaten Selbstkostenbeitrag konnten Familien die rituelle Beschneidung in Narkose durchführen lassen. Dieser "Service" oder wie es später hieß: diese individuelle gesundheitliche Eigenleistung (IGEL) wurde bis zum Erscheinen des Artikel von Herrn Putzke zur strafrechtlichen Relevanz ritueller Beschneidungen im Deutschen Ärzteblatt 2008 angeboten. Die Anzahl der Eingriffe blieb trotz hoher muslimischer Bevölkerungsgruppen in der Umgebung immer überschaubar. Ich hatte die Klinik bereits 2004 verlassen und arbeitete nun freiberuflich als niedergelassener Kinderchirurg in einer ambulant operierenden Praxis. Auch hier wurde die rituelle Beschneidung zu demselben Preis in Narkose angeboten, nach kurzer Karenz auch über den Artikel hinaus und bis zur Veröffentlichung des Kölner Urteils bzw. der Empfehlung verschiedener Ärzteorganisationen diesen Eingriff vorerst aus juristischen Gründen nicht durchzuführen.

Auch in der Praxis blieb die Anzahl der durchgeführten rituellen Beschneidungen gering, möglicherweise weil die auswärtige Durchführung in lokaler Betäubung, die weder in der Klinik, noch in der Praxis angeboten wurde, günstiger war.

Wir haben uns regelmäßig mit der Frage der kindlichen Selbstbestimmung beschäftigt und ich erinnere mich an eine zornige Mutter, die wütend die Praxis verließ, nachdem wir uns geweigert hatten ihren Sohn zu beschneiden. Der Siebenjährige hatte explizit erklärt, dass er die Operation nicht wolle. "Das sei ja wohl bei einem Siebenjährigen auch nicht anders zu erwarten" erklärte die Mutter verständnislos. Dabei waren unserer Erfahrung nach die Jungen in diesem Alter ihrem "Sünnet" gegenüber sehr positiv eingestellt, sofern sie gut aufgeklärt und informiert waren. Sie freuten sich darauf im Mittelpunkt zu stehen, beschenkt, gefeiert (wie katholische Kommunionkinder) und "ein Mann" zu werden.

Arabische Jungen werden in der Regel früher beschnitten und es ist ausgesprochen schwierig die Eltern davon zu überzeugen, dass der türkische Brauch, bis in das Schulalter zu warten, für die Jungen einige Vorteile hat. Sie gehen davon aus, dass die OP so schmerzhaft ist, dass die Jungen sich nicht daran erinnern sollten. Sie können sich nicht vorstellen, dass ein aufgeklärter und informierter Junge sich freiwillig diesem Eingriff stellt. Das ist eine der Aufgaben für die kommenden Jahre: Die Eltern davon zu überzeugen, dass auch ein "aufklärungsfähiger" Jugendlicher sich unter gewissen Bedingungen durchaus freiwillig einer Beschneidung unterziehen würde: Der Eingriff müsste schmerzfrei sein und seine Bedeutung für Tradition und Religion sollten dem jungen Mann vermittelt worden sein. Angesichts der eigenen Erfahrungen können Väter sich aber nur schlecht vorstellen, dass ihre Söhne das freiwillig mitmachen würden. Aber Tradition und Religion sind nicht angeboren, sie werden erzogen, vermittelt, mit- und weitergegeben. Wo das misslingt, besteht - zumindest im Islam- auch kein Grund zur Beschneidung. Das wird natürlich nur ungern in Kauf genommen. Wer von uns "aufgeklärten Abendländern" aber nun meint, archaisches Gedankengut anprangern zu müssen, der sei darauf hin-

gewiesen, dass christlich rational, (zumindest wirt-
schafts-) liberal denkende US-amerikanische Mediziner aus ähnlichen Gründen in einer aktuellen Publikation die Beschneidung im Neugeborenenalter propa-
gieren. Zwar sei der Nutzen ein medizinischer - aber
dem Heranwachsenden möglicherweise nicht in aus-
reichendem Maße zu vermitteln, als dass er sich zur
freiwilligen medizinisch prophylaktischen Beschneidung entschließen würde.[147]

Gelegentlich wird behauptet, dass die beschneidenden Ärzte für die rituelle Beschneidung seien, da
sie damit Geld verdienten. Es wird auch unterstellt,
dass der Eingriff willkürlich zu Lasten der Krankenkassen durchgeführt werde. Grundsätzlich kann diese
sehr niedere Motivation zwar nicht völlig ausgeschlossen werden, für die niedergelassenen Kinderchirurgen trifft sie sicher nicht zu. Der üblicherweise
den Eltern in Rechnung gestellte Betrag liegt häufig
unter dem über die Krankenkassen zu erzielenden
Erlös und damit, wie mir bereits mehrere Türken
versicherten, auf ähnlichem Niveau, wie der auch in
Istanbul unter vergleichbaren medizinischen Bedingungen (in einer Klinik) zu entrichtende Betrag.

Die rituelle Beschneidung ist damit kein wirt-
schaftlicher Faktor eines niedergelassenen Kinderchirurgen und sollte es auch nicht sein. Der Schwerpunkt der ambulanten Kinderchirurgie liegt bei den
medizinisch indizierten Eingriffen im Kindesalter. Allerdings sind die Kinderchirurgen sicher die Beruf-
gruppe, die bezüglich der Beschneidung im Kindesal-

---

147 Morris et al: A "Snip" in time: what is the best age to circumcise? BMC Pediatrics:
http://www.ncbi.nlm.nih.gov/pubmed/22373281

ter über die meiste Erfahrung und die meiste Expertise verfügt. Die Mehrheit der Kinderchirurgen führt dennoch einen Eingriff ohne "harte" Indikation nur ungern durch. Gerade in der Kinderchirurgie gilt die Prämisse, nur zu operieren, wenn es sich nicht vermeiden lässt. Da die Beschneidung aber von den Familien als "unvermeidlich" eingestuft wird, wird sie als Alternative zu weniger professionellen Methoden durch uns in der Regel angeboten. In Kenntnis der bekannten Studien und der eigenen Erfahrungen halte ich die medizinischen Vor- und Nachteile der Beschneidung nach derzeitigem Ermessen für unter dem Strich irrelevant. Entscheidend bleiben daher die Umstände, unter denen der Eingriff erfolgt - vor allem im Hinblick auf eine Traumatisierung.

In der persönlichen Abwägung erscheint es daher im Sinne des Kindeswohles angebracht die rituelle Beschneidung unter qualifizierten kindgerechten Konditionen medizinisch akkurat durchzuführen. Die Ambivalenz dieser Wertung ist möglicherweise dem Text zu entnehmen.

Letztlich handelt es sich um eine individuelle Entscheidung, die jeder vor seinem Gewissen und mit seiner Ethik verantworten muss. Ich kann versichern, dass wir uns diese Auseinandersetzung nicht leicht machen, uns pauschal unethisches ärztliches Verhalten vorzuwerfen, halte ich daher für profan und unkollegial. Im Gegensatz zur Auffassung Putzkes und Herzbergs ist es auch in zeitintensiven Gesprächen mit den Eltern kaum möglich das Dilemma zwischen der säkular individuellen Weltanschauung der deutschen Gesetzgebung und den fundamentalen, in diesem Punkt gegenläufigen Werten, der Herkunftskulturen aufzulösen. Wie der Text gezeigt hat, setze ich mich seit Jahren intensiv mit den juristischen Argumenten, die gegen die rituelle Beschneidung sprechen und die ich nachvollziehen kann, auseinander. Ich begrüße daher grundsätzlich die von Herrn Putzke vorgeschlagene Verschiebung der Beschneidung in ein einwilligungsfähiges Alter. Angesichts der Tatsache, dass sich derart lang tradierte und identitätsstiftende religiöse Rituale nur durch die betroffenen Gemeinden selbst und auch nur langsam ändern lassen, halte ich die Sicherheit einer sachgerechten Durchführung bis dahin für einen pragmatischen Kompromiss.

In guten Momenten lernt man in der Praxis viel über die orientalischen Kulturen, die Geschichten der Väter und Onkels, die Bedenken und den Stolz, an weniger guten Tagen, an denen der dritte Muslim versucht, seinen Sohn "auf Kasse" oder "etwas günstiger" beschneiden zu lassen, ist man des Diskutierens, Redens , Überzeugens, Aufklärens müde und fragt sich, wessen Arbeit man eigentlich gerade verrichtet. Nur die friedlich im Sprechzimmer spielenden Jungen überzeugen dann wieder, dass man Kinderchirurg ist und kein Mama, Papa- oder Elternchirurg.

Ich habe mir viele Gedanken gemacht, warum ich mir die Arbeit mache einen Text zu verfassen, von dem ich nicht einmal weiß, ob er publiziert werden wird. Warum mich dieses Thema fesselt.

Es liegt an der Art und Weise der Diskussion, die ich seit 2008 verfolge, und die nun in einer unerträglichen Weise exazerbiert ist. Bereits 2008 habe ich mich über die Leichtfertigkeit gewundert, in der in einem Federstrich 4 Millionen hier lebende Mitbürger kriminalisiert wurden. Es gab ja kaum einen konkreten Anlass. Es lag im akademischen juristischen Interesse von Herrn Putzke und wurde flankiert von universitären Kinderchirurgen, die seinerzeit eine weltanschaulich gefärbte wissenschaftliche Position vertraten. Ich hatte Sorge vor der öffentlichen Debatte um ein derartiges Thema. Die ersten Kommentare im Ärzteblatt gingen damals ebenfalls in diese Richtung. Mit dem Urteil wurde unsere Befürchtung wahr, dass die aus den USA bekannte, einer distanzierten Sachlichkeit enthobene, pseudowissenschaftliche Debatte zu uns herüberschwappt. Selbstkritisch muss ich aber auch feststellen, dass es sicherlich an der Zeit ist, uns dem Thema auch in Deutschland in all seiner Komplexität differenziert zu nähern. Tatsächlich wäre es fraglos gerade aus kinderchirurgischer Sicht besser, man könnte im Dialog mit Juden und Muslimen (langfristig) eine Verschiebung oder gar Aussetzung des Rituals bewirken. Sollte das Gesetz seine gewünschte Wirkung entfalten, kämen mehr Eltern zur religiösen Beschneidung in die betreffenden Arztpraxen. Wir hätten die Möglichkeit den angesprochenen Dialog anzustoßen. Als Konsequenz aus der Diskussion liegt es dann in unserer Verantwortung den Eltern die möglichen Folgen einer Beschneidung für die Jungen noch sorgfältiger darzulegen und sie anzuregen über eine Verschiebung des Eingriffes nachzudenken. Die Fähigkeit reflektiert zu einem durch die lange Tradition zur normativen Selbstverständlichkeit gewordenen Rituals in eine kritische Distanz zu treten ist dabei abhängig vom Integrationsprozess. Sie wird durch Bildung und Teilhabe auch in anderen Bereichen des Lebens erleichtert. Ich bin zuversichtlich, dass wir gerade im Islam, in dem die Beschneidung nicht konstitutiv und per explizites Gottesdekret fixiert ist, im

Dialog der Kulturen und im gegenseitigen Respekt ein Innehalten und Nachdenken anregen können, welches dem Ziel einer Selbstbestimmung der Jungen über ihren Körper allmählich näher kommen könnte. Aber das wird Zeit benötigen -ebenso wie unsere (religiösen) Paradigmenwechsel und Brüche mit der Tradition Zeit benötigt haben. Diesen Umstand gilt es in vielen Fällen zu akzeptieren und zu tolerieren. Ich halte die rituelle Beschneidung aus vielen Gründen für absolut ungeeignet um die Friktionen im Verhältnis Staat und Religion an diesem Punkt exemplarisch zu problematisieren. Einerseits ist damit - zumindest unmittelbar - den Kindern nicht gedient und andererseits hat diese Stellvertreterdebatte durch religiöse und weniger religiöse Menschen in den Gefilden anderer Religionen etwas Anrüchiges und Feiges an sich. Einige Aspekte würden zurückschlagen auf die eigene Religion (ähnlich wie der Kopftuchstreit Rückwirkung auf das Aufhängen von Kruzifixen hatte) und auch auf die eigene medizinische Praxis. So müssten in der Folge konsequenterweise auch andere medizinische Eingriffe im Kindesalter im Hinblick auf ihre Indikation überprüft werden (wie das bei der sogenannten "Schmuckperforation" bereits geschieht). Ich begrüße im Kern das Gesetz zur Legalisierung der rituellen Beschneidung, sehe aber die ursprünglichen Ziele der Debatte damit gefährdet, da eine gesetzliche Regelung eine Weiterentwicklung der derzeitigen Praxis des Rituals möglicherweise unterbindet. Das war zu erwarten und insofern stellt sich die Frage, ob die 2008 angestoßene Diskussion in dieser Form nicht besser unterblieben wäre.

Schlusswort

Die vielen Kommentare im Internet zu den einschlägigen Artikeln zur Beschneidung, sei es in den diversen Tageszeitungen, sei es im Deutschen Ärzteblatt, führen im Wesentlichen mit zum Teil hochemotionaler Vehemenz die juristischen Grundpositionen ins Feld. Das im Grundgesetz geregelte Recht auf körperliche Unversehrtheit dürfe auch unter Bezug auf das Recht auf Religionsfreiheit nicht eingeschränkt werden. Vom Staat wird erwartet die Kinder vor "archaischen" Riten zu bewahren. Religiosität wird als überkommenes Relikt in Frage gestellt und Juden sowie Muslime pauschal als religiöse Eiferer diffamiert.

So verständlich und nachvollziehbar die juristische Argumentation ist, so bezeichnend ist auch die Unkenntnis der Diskutanten über die mehr oder weniger religiösen Weltsichten der betroffenen hier lebenden Gruppen. Es wird kaum zur Kenntnis genommen und noch weniger diskutiert, dass ein striktes Verbot der Beschneidung nicht deren Abschaffung zur Folge hätte, sondern seine Umgehung unter definitiv ungünstigeren Bedingungen für die Jungen. Es wird übersehen, dass die Legislative sich an einer normativ faktischen Wirklichkeit orientieren muss, die der Bevölkerungsmehrheit fremd ist. Man kann das in Frage stellen, man sollte es jedoch nicht ignorieren. Es entsteht daher der Eindruck, dass man die "Zurückgebliebenen" unter dem Mantel der demokratischen Rechtsordnung zwangssäkularisieren und am liebsten die Religion komplett abschaffen möchte. Außerdem wird ein völlig fehlendes Bewusstsein für die deutsche Geschichte deutlich. Der Holocaust dürfe nicht mehr als Argument herhalten für eine juristische Bevorzugung der Juden. Das ist zwar grundsätzlich richtig, aber insofern verkürzt, als dass der Holocaust zumindest Anlass zu einer sorgfältigen und sensiblen Auseinandersetzung sein sollte, bevor ein juristisches Urteil gefällt wird. Auffallend ist die Absprache jeglichen Rechtes auf Meinungsäußerung von Vertretern der betroffenen Religionsgruppen bis hin zur Diffamierung. Das ist inakzeptabel. Man kann als Einzelner eine eigene Meinung dazu vertreten - wenn es den Kommentatoren tatsächlich isoliert um die Rechtsstaatlichkeit ginge, wäre das zu tolerieren, der Staat als Ganzes jedoch kann sich der historischen Verantwortung auch in der internationalen Wahrnehmung in diesem Punkt nicht entziehen. Es wäre wünschenswert, dass die Politik diesen Umstand transparent und den Staatsbürgern klar macht, warum die gesetzliche Regelung in dieser Form die richtige Entscheidung war. Möglicherweise hätte eine Befristung des Gesetzes verbunden mit der Auflage einer multikulturellen und interdisziplinären Aufarbeitung der Thematik ein klareres Signal in alle Richtung gesendet. Allein: Wieviel Zeit kann und darf man einem solchen Prozess einräumen und ist damit die allseitige Empörung befriedet oder nur vertagt? In diesem Fall hat die repräsentative Demokratie entgegen anderslautenden Bekundungen der Bevölkerung einmal mehr und in aller Deutlichkeit ihren Sinn bewiesen und mit dem Gesetz eine Grundlage geschaffen, auf der eine sensible und ernst gemeinte Auseinandersetzung stattfinden könnte - wenn sie denn gewünscht wäre. Angesichts der Erfahrungen letzten Monate ist bislang wenig Bereitschaft für ein Aufeinanderzugehen zu erkennen. Allein die Juden bemühen sich erkennbar um eine inhaltliche Auseinandersetzung, wie an den bereits zahlreichen Veröffentlichungen zum Thema zu erkennen.

Der Umgang mit dem Konflikt seitens der Muslime zeigt auch von dieser Seite viel Unwissenheit und Unverständnis für die Positionen und die Wahrnehmung der staatlich verfassten Grundrechte der Mehrheitsgesellschaft. Es reicht nicht, allein auf die Religionsfreiheit zu pochen und sich in die und auf die eigene Kultur zurückzuziehen. Einige wenige gehen offensiv mit dem Thema um. Die einseitig negative Rezeption dieser kritischen Stimmen durch die Mehrheit der Muslime beweist, dass der Dialog gerade erst begonnen hat.

Fazit

1. Die rituelle Beschneidung ist keine Bagatelle, sondern ein irreversibler Eingriff in die körperliche Unversehrtheit mit möglicherweise langfristigen Folgen.

2. Es ist sinnvoll einen gesellschaftspolitischen Diskurs um die rituelle Beschneidung nun auch in Deutschland zu führen.

3. Die aktuelle Diskussion hat diskriminierende Züge angenommen, die das Verhältnis zwischen säkularem Staat und Religion prinzipiell in Frage stellen.

4. Durch die rasche und polarisierende Positionierung nach Bekanntwerden des Urteils durch Juristen, Politiker, Religionsführer, Ärzte usw. ist Handlungsdruck zur gesetzlichen Regelung der Rechtsunsicherheit entstanden.

5. Die betroffenen Religionsgemeinschaften sehen sich mit einer plötzlichen Ächtung eines Jahrhunderte bzw. Jahrtausende praktizierten Rituals konfrontiert.

6. Speziell die Delegalisierung der jüdischen Brit Mila und ihre Folgen wirft Fragen nach dem aktuellen Verhältnis zwischen den hier lebenden Juden und den übrigen Deutschen auf.

7. Eine kurzfristige Einstellung der tradierten Beschneidungspraxis ist nicht zu erwarten. Ohne gesetzliche Regelung wäre eine Abdrängung in die Illegalität die Folge.

8. Die gesetzliche Legalisierung ist (vorläufig) der einzige Weg den Konflikt kurzfristig zu befrieden.

9. Die Festlegung eines medizinischen Standards ist als Minimalkonsens obligatorisch.

10. Der grundsätzliche Widerspruch zu den kindlichen Grundrechten bleibt auch nach einer gesetzlichen Regelung bestehen.

11. Die Diskussion wird fortzuführen sein.

12. Wünschenswert wäre eine unaufgeregte, differenzierte und reflektierte Auseinandersetzung mit dem Ritual innerhalb der Religionen.

13. Eine denkbare Änderung der Beschneidungspraxis wird Zeit erfordern.

14. Im Sinne der Toleranz und des gesellschaftlichen Miteinanders kann nur eine geduldige Begleitung dieses Prozesses konstruktiv sein.

Jenseits einer prinzipiellen Regelung, die die in Deutschland geltenden Rechtsgüter entweder rücksichtslos schützt, oder aber durch eine Ausnahmeregelung beschränkt preisgibt, wäre der Gesellschaft mit einer pragmatischen dynamischen Lösung im Sinne eines pluralistischen Kompromisses am ehesten gedient.

Bibliographie

Bodenheimer, Alfred: Haut ab. Die Juden in der Beschneidungsdebatte. Wallstein 2012.
Bodenheimer, jüdischer Religionswissenschaftler aus Basel, kommentiert in seinem bereits im September 2012 erschienenen Aufsatz die Beschneidungsdebatte kurz und bündig aus Sicht der Juden. Er kritisiert die Sprachlosigkeit der Juden und setzt dem eine gelungene Analyse sowohl der jüdischen Position, als auch den möglichen Motiven der säkularen Beschneidungsgegner entgegen.

Cetin, Zülfukar, Voß, Heinz-Jürgen, Wolter, Salih Alexander: Interventionen gegen die deutsche Beschneidungsdebatte. Edition Assemblage 2012.
Eine Polemik vor allem gegen die rassistischen Züge der Debatte.

Gollaher, David: Circumcision. Deutsch: Das verletzte Geschlecht. Die Geschichte der Beschneidung. Aufbau-Verlag 2002.
Wer sich intensiv mit der Beschneidung beschäftigen möchte, kommt um das Standardwerk des usamerikanischen Medizinhistorikers David Gollaher nicht herum. Es ist das bei Weitem fundierteste und sachlichste Werk über die Geschichte der Beschneidung bis zum aktuellen Konflikt in den USA.

Heil, Johannes, Kramer, Stephan (Hrsg.): Beschneidung: Das Zeichen des Bundes in der Kritik. Zur Debatte um das Kölner Urteil. Metropol 2012.

Eine Zusammenstellung der "Heidelberger Vorträge", die im Rahmen eines im Juli 2012 an der Hochschule für jüdische Studien Heidelberg angebotenen Seminars gehalten wurden. Eine beachtliche Sammlung juristischer und historischer Vorträge rund um die Brit Mila und die aktuelle Beschneidungsdebatte.

Kelek, Necla: Die verlorenen Söhne. Plädoyer für die Befreiung des türkisch-muslimischen Mannes. Kiepenheuer&Witsch 2006.

In diesem, wie in ihrem weiteren Buch "Die fremde Braut", widmet sich die türkischstämmige Soziologin Kelek der Situation der Muslime in Deutschland. Anhand vieler Einzelbeispiele beleuchtet sie die Defizite der Integration und die massiven Schwierigkeiten junger Türkinnen und Türken im Spannungsfeld der Kulturen. Die vielzitierte Geschichte der Beschneidung ihrer Neffen ist dabei nur eine Episode.